理性地判断，建设性地表达

微风的下午，坐在沙滩上。
像一个傻子，望着大海的方向。
插画摘自 @ 老树画画

决策之道

·越重要的人越需要·

正和岛 主编

第10辑

中国财富出版社有限公司

图书在版编目（CIP）数据

决策之道．第 10 辑 / 正和岛主编．— 北京：中国财富出版社有限公司，2023.12

ISBN 978-7-5047-8040-9

Ⅰ．①决…　Ⅱ．①正…　Ⅲ．①企业管理 — 经济决策　Ⅳ．① F272.15

中国国家版本馆 CIP 数据核字（2024）第 002585 号

策划编辑	郑晓雯	责任编辑	张红燕　郑晓雯	版权编辑	李　洋
责任印制	梁　凡	责任校对	卓闪闪	责任发行	董　倩

出版发行	中国财富出版社有限公司		
社　　址	北京市丰台区南四环西路 188 号 5 区 20 楼	邮政编码	100070
电　　话	010-52227588 转 2098（发行部）		010-52227588 转 321（总编室）
	010-52227566（24 小时读者服务）		010-52227588 转 305（质检部）
网　　址	http://www.cfpress.com.cn	排　　版	北京正和岛信息科技有限公司
经　　销	新华书店	印　　刷	固安兰星球彩色印刷有限公司
书　　号	ISBN 978-7-5047-8040-9/ F・3624		
开　　本	787mm × 1092mm　1/16	版　　次	2024 年 1 月第 1 版
印　　张	7.75	印　　次	2024 年 1 月第 1 次印刷
字　　数	165 千字	定　　价	198.00 元

决策之道

·越重要的人越需要·

本期客座总编辑 | 尹一丁

出品人 | 刘东华

执行委员会 | 黄丽陆　史船　石立权

总编辑 | 陈为

副总编辑 | 林定忠

主编 | 曹雨欣

执行主编 | 王夏苇

首席视觉设计 | 闫吉光

资深编辑 | 白志敏

地址 | 北京市海淀区中关村东路1号院清华科技园创新大厦B座9层（100084）

电话 | 010-62539800

正和岛官方微信 | zhenghedao

正和岛APP | 正和岛

正和岛微博 | @正和岛标准

正和岛网站 | www.zhisland.com

本书采用环保纸印刷

纵横四海方显英雄本色

尹一丁

剑桥大学嘉治商学院教授、
中国管理研究中心联席主任

1405年，郑和第一次扬帆出海，庞大的舰队驰向广阔的深蓝。此后的6次远航中，郑和船队曾远至东非的肯尼亚，总航程7万多海里，相当于绕地球3圈。另一边，以海洋文明的代表自居的欧洲诸邦，仍需80多年的漫长等待才踏上美洲。历史告诉我们，是世世代代“面朝黄土背朝天”的炎黄子孙，开启了人类探索全球的航海征程。

今天，炎黄子孙又把目光投向海外。虽然逆全球化浪潮带来更多挑战，各行各业出海的心情却更加急迫，参与者也更为众多，中国企业出海大潮已然形成。

顺应时代潮流，本辑《决策之道》聚焦企业出海，从TCL、晨光生物、杰克股份、SHEIN、OPPO等企业入手，总结出海成功之道，也邀请专家从文化自信、战略规划和跨文化管理等角度出发，破解出海成功密码。那么，中国企业出海怎样才算成功？如何才能成功？

回答第一个问题，要明白全球化公司的五个发展阶段，即“全球化业务”“全球化运营”“全球化能力”“全球化人才”和“全球化文化”。“全球化业务”是销售上的全球化，是全球化的最初级阶段，也是大多数中国出海企业目前所处的阶段。“全球化运营”是有海外销售团队、服务团队和生产设施，可以快速响应当地需求。“全球化能力”是在全球范围内构建能力中心，如研发、供应、生产和风控等。“全球化人才”是在全球“吸引天下精英为我所用”。“全球化文化”是构建企业普适核心价值观，让天下英才心悦诚服地为己奋斗。

很显然，处于“全球化业务”和“全球化运营”阶段的企业还远远谈不上出海成功，只有构建出“全球化能力”才算登堂入室，迈入“全球化人才”和“全球化文化”的阶段才是真正的成功。

沿此路径向上攀登，可谓步步艰辛。那么，何种企业才能成功登顶？我认为，企业家必须具备“四心”。

第一，决心。企业家必须有决心成为行业的全球领先者，无此决心，成功断无可能。第二，信心。立下了高远目标，就要以无比的信心去实现，并以宏大的信心激发所有员工的勇气和热情。第三，耐心。出海如登珠峰，岂能一蹴而就？企业家必须有极强的韧性和耐心，秉承长期主义，进行持久的战略投入，百折不挠。第四，专心。出海是二度创业，困难重重，企业家必须高度聚焦，对战略目标进行“饱和攻击”，切忌三心二意，稍挫即撤。

所以，出海是大丈夫事，非有宏大的格局、高远的理想、非凡的气魄而不能成功，具有“四心”的企业家就是能够铁肩担道义的大英雄。他们深知全球化的艰辛，但仍在微光中坚定前行。他们就算失败，也是民族的骄傲、时代的荣光，都值得我们给予无比的尊敬和支持。

1431年，郑和第7次踏上出海之路。2年后，他在印度西海岸溘然长逝。英国学者加文·孟席斯（Gavin Menzies）认为，郑和船队的传奇远被低估，他的一支分队曾于1421年抵达美洲，先于哥伦布70多年。所以，炎黄子孙不但开启了人类探索全球的航海征程，而且率先完成了全球航行。但可惜的是，郑和船队只以出海而非全球化为目的，一百六十余年后横空出世的东印度公司才真正以全球化为己任，它虽源于英伦，但每到一地就深深扎根，以此为家。

今天的中国企业家要为出海先辈而骄傲，也要吸取其教训，不以出海为目的，而要以全球化为宗旨。出海有退路，全球化以四海为家；出海有主次，全球化则天下一体；出海有终点，全球化却无尽头。一个是以本土为根，另一个是拥抱整个世界，所以准确地说，我们的企业家不是要出海，而是要全球化，只有纵横四海，方显英雄本色！这是时代赋予中国企业家和中华民族伟大而神圣的历史使命。

尹一丁

目录

扫描二维码
加入正和岛App《决策之道》共读会
分享笔记、收获

专题 THEME

中国企业当以怎样的自信走遍世界?

秦朔 撰稿
人文财经观察家

对中国企业乃至中国经济来说，开放合作和自立自强的关系是什么？如果不准确把握，很可能会出现认知偏差——要么狭隘封闭，要么自贬自弃。显然，不开放合作，不自立自强，均非正道，正道就是两者紧密结合之道。

2023年，人文财经观察家秦朔先后赴匈牙利、阿联酋、沙特等国调研中国企业出海，并在10月的广交会（中国进出口商品交易会）上目睹了多个区域的客商增长，尤其是"一带一路"共建国家采购商的可观增幅。在他看来，新一轮全球化正在展开。越是开放合作，越有助于中国企业利用一切可用资源，壮大自我，做大市场；国际市场做大了，就能摊薄研发成本，反哺研发投入，进一步提升自主创新能力；自主创新能力越强，越有利于更好地走向世界……本文系统展示了秦朔关于中国企业出海发展的相关思考。

多国观察：本土化与全球化正在更紧密地结合

过去几十年，经济全球化主要依靠发达经济体的资本驱动和分工布局，今天，一批新经济体追求现代化的意愿不断增强，正成为推动全球化的新力量。

匈牙利2004年加入欧盟，欧洲国家是其主要外资来源地，德国是其第一大外资来源国。2008年国际金融危机后，匈牙利开始"向东看"，2011年宣布"向东开放"，近年来其政策与"一带一路"倡议有许多对接。我在布达佩斯和一些出海或准备出海的企业交流，从前些年的烟台万华、联想集团到近年的比亚迪、宁德时代、亿纬锂能、欣旺达、华友钴业等，都看好匈牙利，有大笔投资。2022年，中国在欧洲的投资有20%流向匈牙利。

沙特和阿联酋是海湾国家中最具改革开放雄心的国家。沙特2016年提出“2030愿景”，致力于推动经济多元化，减少对石油的依赖，改善基础设施，加大科技创新投资。沙特自我改革的力度非常大，如适龄女性就业率从2017年的17%增长到2022年的37%，5年间提高了20%。阿联酋提出，到2030年将非石油部门对GDP的贡献提高到70%，到2050年实现净零碳排放。阿联酋在阿布扎比、迪拜都设立了数字管理局，将数字化转型作为提升国家竞争力的重要手段。

新经济体大力谋发展，为中国企业出海提供了新机遇。

在云服务方面，阿里云与沙特电信公司、易达资本等成立合资公司，在利雅得运营两座数据中心，目前是中东市占率最高的云服务商之一。华为2002年就建立了沙特代表处，深耕沙特市场20多年，帮助沙特成为世界上最早落地5G的国家之一。2023年9月，华为云的利雅得节点正式开服。

在制造业方面，阿联酋为提高本国制造能力，在阿布扎比的哈利法工业区建立中阿（联酋）产能合作示范园，由江苏省海外合作投资有限公司负责投资开发和运营管理，发展制造业。

在物流快递方面，2017年，中国人创立的跨境电商物流公司iMile主打“最后一公里”派送，成为一匹黑马，服务SHEIN、亚马逊、NOON、阿里巴巴速卖通等平台客户。2022年1月，极兔在沙特正式起网，其末端快递网络实现了沙特全境覆盖。

我在利雅得的消费电子中心（Electron Commercial Center）看到了不少中国手机品牌和电子产品。最具声势的是小米，它的专卖店在两条街的路口，有3名本地店员，销售小米手机和生态链上的大大小小几十种产品。中心里很多店铺也在销售小米手机，一楼

新经济体大力谋发展，为中国企业出海提供了新机遇。

与其被动等着供应链慢慢向外转移，不如主动出击，早日布局全球，抢滩海外。

到二楼的电梯也铺满了小米的广告。二楼是小米授权的服务中心，负责售后和维修。我和几家店铺的销售人员聊了一会儿，他们说："小米手机是最好卖的，质量好，服务有保证，价格不贵。"还有人指了指旁边的韩国品牌说"没小米好用"。目前，小米在中东地区智能手机的出货量方面排名第二。

我在沙特和阿联酋还感受到，虽然当地在一些领域还比较落后，但因长期和欧美企业打交道，接受欧美企业的服务，当地人的眼界很高，对外来投资者的要求也很高。他们希望外资对本地有长期承诺，在本地投资、经营、服务，而不只是出口产品或简单谋求优惠政策。在阿布扎比投资办公室，相关负责人说："如果你们的投资make sense, let's do it；如果不make sense, don't do it, thank you very much。"意思是你有真本事硬功夫，我们就大力支持，否则就别来做。

不久前我还从跨境电商巨头SHEIN了解到，为了推进本土化，他们已开始在巴西投资，预计到2026年年底在巴西的大部分销售额将来自当地的制造商和销售商。巴西是全球第四大棉花生产地，人口数量在全球排第七，劳动力充足，如果只是靠中国供应链出口，物流运输压力和退货压力都很大，且当地也会考虑对本地服装零售业的冲击问题，因此SHEIN已开始在巴西建设供应链，以本地供本地。

从中东到巴西，人们理解的全球化是一种"有本地化要求的全球化"，是全球化和本土化的统一，他们更欢迎那些具备行业领先性、能为本地创造综合价值和长期价值的企业。

因此，今天中国企业出海的门槛其实更高了，必须有竞争力强、创新性强的产品与服务，并深入推进本土化，才能在和欧美成熟企业的竞争中赢得空间。我在中东接触的几家中国人创立的游戏、语音社交公司，除了在杭州、深圳有开发团队，也在中东组建了以当地员工为主的队伍，因为他们更了解当地的文化和社交习惯。

分工合作是经济的基本规律，谁都不可能包打天下，吃独食。

另外，从供应链角度看，我感到，未来全球供应链的布局会更均衡，不可能都靠在中国生产再进行长距离运输。阿联酋、沙特都希望加强制造业本土化，中国企业在家门内守是守不住的，与其被动等着供应链慢慢向外转移，不如主动出击，早日布局全球，抢滩海外，在有条件的地方通过合作（如合建制造园区）移植中国供应链。我们要把供应链转移看成机遇，用勇气、耐心和智慧把握住这个机遇。

开放合作+自立自强=打天下的信心

在新一轮全球化中，什么样的中国企业能成为赢家？过去我们看到了出口型（以"性价比+准时交付"为特征）、并购型（如中国家电企业并购了美国、日本、欧洲的许多家电品牌）、互补型（如在资源型国家投资矿产，购买欧美企业技术，然后与中国市场相结合）等成功案例。通过在匈牙利和中东的调研，我看到中国企业出海的优势类型主要表现为以下四种。

（1）"产品领先+深度耕耘"。典型的代表是华为、小米，它们也是中国智造的代表。

（2）"产品领先+新兴产业"。如在匈牙利投资动力电池的宁德时代、亿纬锂能、欣旺达；如2023年6月在阿联酋推出A级潮跑SUV元PLUS（海外称BYD ATTO 3）车型的比亚迪，比亚迪为满足阿联酋的本土化需求，在该车型推出前进行了一系列高温测试，确保该车型在炎热气候下也能发挥出最佳性能。

（3）"产品领先+合资合作"。如华大基因与沙特合作伙伴成立了合资企业Genalive，广东明阳集团2023年9月与沙特国际电力与水务公司正式签署在新能源领域战略合作的谅解备忘录，中国移动国际公司2023年与阿联酋电信运营商du签署战略合作协议，面向阿联酋市场共同推广车联网产品及应用。

（4）“数字化新基建+本地化应用”。如阿里云、iMile、极兔、Alipay和WorldFirst（万里汇，一站式跨境收款平台）、PayMax（一站式聚合支付平台）等，都是为了本地数字经济发展提供底层支撑。在此基础上，大量游戏、社交、在线娱乐、电商应用就能更快发展起来。

显然，在智能制造、ICT、数字经济、新能源、移动互联网等产业，中国企业大有可为。梳理这些中国企业出海领航者的足迹，会发现它们在过往发展中都长期坚持开放合作，同时矢志不移地提升自立自强能力。

分工合作是经济的基本规律，谁都不可能包打天下，吃独食。有助于提升效率和竞争力的开放合作，越多越好。强大如苹果公司，其主要供应商来自全球27个国家和地区，涉及200多家企业、800多个工厂，基本囊括了优秀的高端制造企业。华为是自主创新的标兵，但在发展中使用了几乎所有世界一流咨询机构提供的服务，1998年到2008年仅付给IBM的咨询费就有40亿元。

早在1998年，IBM对华为就进行过一次调查。当时华为的库存周转率为每年3.6次，订单履行周期为20~25天，而国外同行为9.4次和10天。于是，1998—2003年，华为邀请IBM咨询团队为华为导入IPD（产品集成管理）、ISC（集成供应链）、IT、财务统一等体系，推进“IBM化改革”，当时任正非说华为必须向IBM学习，甚至说“只有IBM才能救华为”。在2003年第一轮“IBM化改革”完成后，华为库存周转率上升到每年5.7次，订单履行周期缩短到17天。此后华为又请IBM对其进行组织流程的再造，任正非说，“IBM教会了我们爬树，我们才能摘到苹果”。

“一杯咖啡吸收宇宙能量”，一杯咖啡的内涵，其实是学习、开放和交流。

直到最近几年，任正非仍然说：“我们不能因美国打压我们，就不向美国学习，这样会走向自闭。”他的口头禅之一是“一杯咖啡吸收宇宙能量”，一杯咖啡的内涵，其实是学习、开放和交流。

小米也是开放合作、自立自强的“双自信”标杆。作为一家志在改变世界的创业企业，小米一方面坚持“技术为本”，长期投入研发，2017—2022年的研发投入年复合增长率达38.4%，截至2023年上半年研发人员有近1.7万人，接近员工总人数的52%。另一方面，小米也和一流的国际伙伴在技术创新上深度合作。小米与徕卡的强强联合实现了手机影像领域“专业+审美”双引领，带动了国产智能手机在移动影像领域实现全球领跑。这是一个非常成功的技术开放合作、互利共赢的案例。

从华为和小米的案例来看，开放合作和自立自强是相互支撑、辩证统一的关系；“开放合作+自立自强”是成功出海的中国企业的基本气质；开放合作与自立自强都是自信的表现，而且优秀企业从来不会忽略和偏废任何一方面，中国企业的信心应该来自开放合作和自立自强的融合叠加。自立自强的核心是坚守自己的理想、定位、品牌、服务，不断提升技术创新能力。凡是能提升能力、为消费者创造更高价值的方向，只要有条件，就应积极主动和一切高手开放合作，取长补短。

不讲开放合作，只讲自主性，这样的自信是狭隘封闭的自信，行之不远。

不讲自立自强，只讲开放合作，这样的自信是理想化的、依赖型的自信，也会陷入被动。

同时我们要看到，美国的“小院高墙”策略可能一时有效，但“小院”毕竟是“小院”，大部分地方依然充满合作空间；“高墙”虽然高，但终究高不过胸怀远大理想的中国企业的决心和耐心。对中国企业来说，要学习华为、小米，要有大胸怀，不要被他人的“小”堵塞了自己的心，自己无端封闭起来、小气起

“开放合作+自立自强”是成功出海的中国企业的基本气质。

要有大胸怀，不要被他人的“小”堵塞了自己的心，自己无端封闭起来、小气起来，这恰恰是缺乏自信的表现。

来，这恰恰是缺乏自信的表现。

为所有中国好企业加油

在新全球化时代，世界依然需要中国，需要为本地创造更多福祉的中国企业。只有开放合作，才能越走越远，越走越宽。

过去几年中美摩擦的加剧，客观上带来了民族主义情绪的高涨，这是合理的、正常的，但我们要非常谨慎，不能让这种情绪扩大化，干扰改革开放和现代化建设大局，影响市场化、国际化、法治化营商环境的打造。近年来，社交媒体上时不时会出现“非我族类、其心必异”的情绪，影响到对不少企业的客观评价，甚至让一些为中国、为世界都创造了价值的好企业被贴上了泛道德化、泛政治化的标签。例如，对外企不能一视同仁，而是加以挑剔，令其动辄得咎，忽视了外资对中国经济的重要性和带动本地供应链发展、人才培养、技术外溢等方面的积极作用；对内企有一些表面看是“政治正确”其实偏激的评价，既不符合经济规律，也不符合国家反复重申的“对各类所有制企业一视同仁、平等对待”“确保权利平等、机会平等、规则平等”等要求。

比如，社交媒体上不知不觉形成了“国产化率100%最好”“不用外国零部件才是英雄”的氛围，似乎谁和外企有合作谁就有问题。这样的情绪和声音，隐含着不断积累的巨大风险。中国的国策和大政方针明明是要打造更加开放包容的发展环境，稳步扩大规则、规制、管理、标准等制度型开放，“以开放纾发展之困、以开放汇合作之力、以开放聚创新之势、以开放谋共享之福”，但社交媒体上经常冒出来的则是与之相悖的声音，极端者甚至把企业开放合作的举措曲解成“投降”“通敌”。更加可悲的是，大量“走出去”的中国企业，大量与外企、外资有正常合作、长期合作的中国企业，在这种氛围中往往无能为力、不敢辩驳，因为一旦辩驳，便会被口水淹没。

我长期跟踪制造业发展，深知中国制造是在全球化大环境下发展起来的，其成功恰恰源于向外看、向外拓，很多成熟产能也是面向全球市场建立的。如果自我封闭，停止开放合作，最大的输家将是我们自己。

如果自我封闭，停止开放合作，最大的输家将是我们自己。

比如，社交媒体上有一种“华为崇拜”，华为的确是中国企业的骄傲、自立自强的标杆，但如果对华为稍有了解，就知道华为也是开放合作的标杆。任正非2010年在华为研发与解决方案体系干部大会上指出，华为绝对不做“吃合作伙伴”的“黑寡妇”，而是要发扬开放合作的精神，与企业生态圈形成多赢。他说，“华为要有原创精神，但并不等于关起门来自己创新。创新不应是封闭的，而应当采取开放合作的态度和方式，整合各方资源优势，与他人共享合作成果”，“华为不是要灭掉谁家的灯塔，华为要竖起自己的灯塔，也要支持爱立信、诺基亚的灯塔永远不倒，华为不独霸天下”。

华为官网上写得很明白：“在自身成长的同时，通过专利许可活动，共享技术，分享利益，促进全产业的繁荣发展和合作共赢。在过去20年里，华为与ICT（信息与通信技术）行业的主要专利持有人进行了广泛的交叉许可谈判，目前已经与美国、欧洲、日韩等主要ICT厂家签署了100份以上专利许可协议。”

还有一件有意思的事情。2023年9月，华为和小米宣布达成全球专利交叉许可协议，覆盖了包括5G在内的通信技术。它们是对手，也是同行者，在海外用户眼中都是中国品牌的名片。它们的握手向国际社会展示了中国企业尊重知识产权、诚信守法、开放的态度以及极强的科技创新能力。

所以，在技术领域，你中有我、我中有你的国际合作、国内合作是普遍的，“小院高墙”那样的不合

谁能在世界市场上站住脚，做强做大，拿下更多市场份额，造福利益相关方，并不断向价值链中高端攀升，谁就是中国产业链、供应链的榜样和英雄。

作反而是特例。

2023年9月，在全国新型工业化推进大会上，中国一汽、三一集团、隆基绿能、小米集团等企业代表参会并发言。这些企业我都采访调研过，特别是三一集团、隆基绿能、小米，在全球化征程中可圈可点。它们不仅是新型工业化的标兵，也是自立自强与开放合作的标兵，是中国企业出海的标兵：目前三一集团已是世界最大的混凝土机械制造商之一，其海外业务利润已经超过国内；隆基绿能2022年为中亚五国的全部光伏项目提供了1/3的核心设备；截至2023年6月30日，小米的MIUI操作系统月活用户达到6.06亿，其中超过4.55亿是海外用户。凡此种种说明，在开放环境中成长起来的科技型、智能化的中国新智造，无惧竞争，越开放越强大。

立足改革开放45周年的今天，展望更长的未来，我们要为一切能够走出去的中国企业加油，为各种类型的中国好企业加油，并为它们创造更加宽松、自由、松弛的社会文化环境，让它们可以按照经济规律，在世界经济的大舞台上，轻装前进大显身手。谁能在世界市场上站住脚，做强做大，拿下更多市场份额，造福利益相关方，并不断向价值链中高端攀升，谁就是中国产业链、供应链的榜样和英雄。

一边开放合作，一边自立自强，希望更多的中国企业以这种“双自信”行天下、向未来。

整理自微信公众号“秦朔朋友圈”，内容略有删减

编辑：王夏苇

周其仁：好产品为人类造，中国企业家须放眼天下

周其仁 内部讲话

北京大学国家发展研究院
经济学教授

陈为 采访

正和岛总编辑

李增群 批注

冰轮环境技术股份有限公司
党委书记兼董事长

中国企业家该如何面对当前宏观形势的种种波动？这个阶段，企业出海发展关键是做什么？当中国企业披荆斩棘，终于抵达一个个行业的“无人区”，下一步怎么办？2023年5月24日，正和岛“案例探访”走进山东烟台，参访化工新材料标杆企业万华化学与中国温控设备龙头企业冰轮环境。当晚“夜话”环节中，随行导师、北京大学国家发展研究院经济学教授周其仁就这些关键问题分享了自己的思考，与会企业家反响热烈。

客户才是企业家的“形势”

陈为：我们常讲，做企业不管风吹浪打，都要种好自己的一亩三分地。再难的时候，永远也都有做得很好的企业。但企业家毕竟是在“势”中做事，坦率地说，这两年的宏观环境让大家心里都不太安宁。周老师对当前形势有哪些看法？

周其仁：对于宏观形势的问题，如果我跟你不熟，我会老老实实地说讲不了。如果我跟你熟，我会好奇你为什么关心这个。宏观形势对于做企业，是不是真的那么重要？

譬如，大家会特别关心今天的全球平均气温吗？全球平均气温不是非常宏观吗？但好像大家都不会特别关心。大家更关心烟台今天天气怎么样，下不下雨。当然，烟台的天气与全国、全球的天气都有关系，但问题是，在所有相互影响的关系中，有些联系非常弱，有些联系则非常强。人们关心的是跟他们要解决的问题有强联系的变量，至于宏观层面的所有联系，想关心也关心不过来。

很多宏大叙事与你我隔着千山万水。比如美联储加息

了，但这真的影响你的企业、客户了吗？即便有影响，到底是极强的影响，还是弱得几乎看不到的影响？

企业家都是做企业的，企业如果在市场中站不住脚，那说什么也没用。宏观形势有好有差，再差的形势下也有好企业，再好的形势下也有垮掉的企业，所以，宏观形势和企业办得怎么样没有特别直接的关系。每家企业都有自己独特的“宏观”，对大多数企业家来说，市场里的客户才是你的“宏观”，需要自己，也只有自己能够关注它。泛泛而论的“宏观”，对谁都一样的“宏观”，不但不是决策的要素，而且可能恰恰相反。所以，不如向华为学习，把精力放在任正非“以客户为中心”这句话上，花大力气从各个层面研究客户，研究有哪些潜在客户，研究客户现状，研究能创造哪些条件为客户服务。

李增群 批注①：

> 服务客户是企业存在的核心价值。围绕客户的需求，提供优质的产品或服务，建立良好的客户关系，进行企业的经营活动和资源配置，是企业行动的核心逻辑。“以客户为中心”，贴近市场、服务客户，永远是我们追求的目标之一。
>
> 以冰轮为例，我们提供复杂工业产品，更需要深入客户的场景，嵌入客户的工艺过程，深入理解、认知客户的需求，才能与客户形成共同体，共同创造、实现价值。

任正非讲，企业开门都是花钱的，要给员工付工资、给政府交税、给供应商付钱，只有客户是给企业钱的，企业动用的所有资源说到底都是从客户那里来的，怎么能不以客户为中心？这句话里有一个铁的逻辑：企业动用的资源都是从客户那里来的，所以企业必须也只能以客户为中心。华为最核心的战略就是这么一句话。

信息革命以来，人类获得信息的成本大大降低了，带来的问题是处理信息的能力越来越不够用。全世界发生了什么事，看看手机就知道了，但我们处理得了还是处理不了爆炸一般的信息反而成为问题。

在我看来，人会焦虑很大一部分是处理不了过多信息导致的，很多人会觉得好像怎么都驾驭不了这个世界。要想提高驾驭能力，恐怕要先寻求信息摄入与信息处理能力之间的平衡。我有一个笨办法供大家参考：大幅度减少处理不了的信息的摄入，把时间和精力用来提升自己的理解、思考和分析能力，直截了当地讲，就是少看、最好不看那些根本处理不了的信息。因为看了也不知道该怎么想、怎么理解，为什么还要去看呢？有人担心，这是不是会错过一些大事？那就不妨试试，把每天刷屏的时间减掉一大半，看看究竟会错过什么大事。

省出来的时间干什么？对做企业的来说就是节约了精力、眼力，可以去研究值得研究的事，那就是客户、客户、客户！关于客户的学问非常深，千万别把研究客户的事情假手于人，不是你自己直接研究客户得来的判断，不能产生真正高质量的企业决策。

从另一个角度看，如果说关于国际局势非要看透些什么，我觉得理解一点就够了，那就是竞争无处不在。1890年以来，美国一直是世界第一大经济体，其他主要国家无非在后面的名次上切换。全球经济体不断在竞争中发生地位的相对变化，其微观基础就是各国、各地的企业永远不停地在市场里争来争去。“万类霜天竞自由”，从来如此，人类社会的基本准则就是竞争——需求无穷，资源有限，永远紧张，所以人和人争、企业和企业争、地方和地方争、国家和国家争……竞争是普遍的、无处不在的。

有的企业家害怕竞争，希望听一个“形势大好”的报告，舒缓一下紧张的心情，减轻一点压力，这可以理解，但这也可能松懈斗志，得不偿失。好的企业家努力做的就是紧紧围绕客户，研究客户的动向、变化和需要，在竞争中提升自己满足客户的能力，在新变化中发现新机会。

李增群 批注②：

客户与企业是命运共同体、价值共同体，在交互中共同成长。一方面，客户可以提供反馈和建议，帮助企业改进产品或服务，使企业更好地满足客户需求。另一方面，企业也可以通过技术创新，去引导、去创造新客户、新市场、新赛道。

以冰轮为例，主业制冷蓬勃发展，占据了国内主导地位，但任何市场总有饱和的一天，所以需要用技术去创造客户需求，因此多年前公司就开始了“热”的研究，环保制热如今也是主营业务之一。

产品要出海，制造能力更要出海

陈为：这是很重要的提醒，宏观不同于微观，大部分人不用过多关注宏观，首先应该专注地把属于自己的微观搞好。周老师一直行走在企业中，而且不只是国内企业，已经走访了北非、中东、欧洲和东南亚的很多企业。您在海外看到了哪些值得关注的现象，有怎样的思考？

周其仁： 2022年我在广东佛山发现，佛山制造类企业不只是在海外卖产品，还越来越多地到海外建厂。建厂需要真金白银的投入，尤其之前新冠疫情笼罩，出行不便，企业为什么还要去海外建厂？背后的逻辑究竟是什么？

很多人喜欢讲“中国是世界工厂”，我看了一些先行出海的企业案例，觉得有必要问一问：是否真的有可能在世界的某一个地方制造全世界所需的产品，并且不断地卖给全世界？在我看来，很大程度上这应该是一幅想象出来的图景，试问两个问题：

第一，别人购买“世界工厂”的产品，购买力从何而来？容易想到的答案是别人也出口一些产品，也赚到了一些钱。问题是，“世界工厂”卖给别人的东西多，别人卖过来的东西少，形成巨额贸易顺差，那么别人有多少购买力来购买“世界工厂”的产品呢？

第二，工业革命发源于英国，但是为什么英国没有一直生产可以卖给全世界的工业品，反而是现代工业制造技术和能力从英国传播到西欧、北美，又进入东亚以及其他地区？要是英国永远是“世界工厂”，后来的德国、美国、日本、韩国和中国，哪里还会有机会呢？

所以，我总结出一个基本规律：企业做到了一定量级，不仅需要把产品卖向海外市场，更需要把制造能力迁移到海外市场。

李增群 批注③：

企业一定是不断成长的，市场区位一定从局部走向全域，价值形态也会不断产生“产品—服务—供应链—产业链”的进化、从区域化到全球化的进化。更好地贴近全球客户、面向全球进行资源优化配置，提质增效，是企业实现高质量发展、基业长青的战略路径。

冰轮的“全球运营”，就是从国内领先向全球化运营转变，通过企业自身扩张以及借助资本的力量，谋划全球布局，依托数字平台构筑全球卓越的运营体系，建立适应跨国企业管理特点、支撑未来中长期战略目标实现的集团化运营管控体系，在全球化道路上勇往直前、永不止步。

佛山的科达制造是一家将陶瓷机械做到全球第一的企业。2022年，我到土耳其探访了当地的科达分公司，一位销售经理在那里工作了12年。我问他这些年是怎么走过来的，他说，一开始靠推销低价设备打进土耳其市场，销售对象都是普通工厂；后来想把设备卖给好一点的工厂，就要提升设备性能，而且这些工厂要求供应商及时维护设备，于是他们就在土耳其建了零部件配件仓库，方便就地维修服务；再后来，他们要与意大利顶级品牌争夺头部客户，这些客户除了要检验设备，还一定要检验厂方，看看制造能力的综合水平。自己的厂子远在中国，对手的厂子近在咫尺，怎么斗得过？于是，科达下决心在土耳其买地建厂、培训驻扎工程师。

这就是制造业出海的一套完整逻辑：一开始是卖产品，卖到一定程度就要有售后服务，最后在当地制造，成为本土化公司。

宁波的申洲国际，其业务是为全球服装大品牌代工，在中国做得顺风顺水，也在越南和柬埔寨开办了成衣工厂，产能在当地市场占据近半份额。我曾问董事长马建荣为什么要去东南亚建厂，他说，客户提了要求，一开始比较委婉，后来越来越强硬，最后直接表明态度，如果不去当地建厂，就减少给申洲国际的订单。因为在越南设厂，新冠疫情期间可以照常接单，避免国内工厂停产的险境。后来马建荣反思：当今时代，布局跨度大才有可能应付一些意外的经营风险，增加企业的生存能力和机会。

另外，我去越南、柬埔寨和埃及考察后想通了一个道理：现代工业发展是改变一个地区经济面貌的必然途径。这几个国家的大部分地区类似于20世纪80年代的中国，大家可以想想，那个年代中国的传统农业从业者、小摊小贩、小手工业者的收入水平如何？后来中国为什么奉行“无工不富”的方针大办工业？答案就在制造业的特性里，只要工厂开工，工人就能天天上班、天天有收入。这种稳定、持续的收入，与传统农业里农民靠农闲时间养鸡、编筐这些有一搭没一搭的收入相比，相差可达8到10倍。而且，如果没有当年的那些乡镇工厂，我们怎么也找不到疏解几亿过剩劳动力的途径。这也就是为什么越南欢迎日本、韩国以及中国企业去办厂——越南的农民和传统小商贩、手工业者，进工厂就能大幅提高收入，市场购买力随之大幅增加，经济增速就上来了。

理解了这个道理，大家就能明白为什么我们不仅要让产品出海，更要让制造能力出海。因为我们不

李增群 批注④：

全球化是企业的顶层战略，也是一个长期的进程，不同的阶段需要不同的战略规划、资源匹配和策略布局。冰轮的全球化战略就是“三步走”：

第一步是“走出去”——到海外市场销售产品。1998年冰轮在泰国设立了第一个海外办事处，迈出了国际化战略的第一步。

第二步是“走进去”——到海外投资建厂，实现“销地产”。本着“先市场、后工厂”的策略，冰轮积极开展在条件成熟的国家和地区设立海外生产基地。2006年冰轮投资552万美元在越南成立了烟台冰轮（越南）有限公司，迈出了国际化战略的关键一步。

第三步是“走上去”——在发达国家收购兼并，成为目标市场知名品牌。2012年冰轮跨国收购拥有百年历史的世界知名中央空调企业顿汉布什控股（DBH），实现在发达国家“销地产”，由此进入了全球化运营新阶段。

“万类霜天竞自由”，从来如此，人类社会的基本准则就是竞争。

能说“我的产品你买得起就买，买不起拉倒”，而是要研究潜在客户能在什么条件下转化为现实客户。经验证明，只有工业化才能显著、快速地改变传统经济，让农民变成工人，收入大幅增长，走出贫困，大量购买工业产品，成为现实的客户。

现在好多人都说国内市场太卷了，有很多不确定性，舆论场上也有一些不利于民营企业和民营企业家的声音。但世界很大，如果有更大的眼光和格局，就不难看到中国制造业能力在全世界很多地方都有落地的可能性。我们多少年来一直讲要胸怀祖国、放眼世界，该出去发展时就应该大胆到远方去布局。

宜家是瑞典一个村子里诞生的家具公司，它到中国开店有什么违和感吗？难道宜家只有瑞典人喜欢，不被中国消费者喜欢吗？显然不是。那么很多中国企业为什么要自我设限，只在中国制造产品，卖给中国人？在中国卖得好的东西，外国消费者会不会欣赏？试过把东西卖给他们吗？我们很多产品性价比高，很有吸引力，只是没有尝试海外制造、海外经营而已。总之一句话，好产品为人类造。

中国制造业不能总是“抄别人作业”

周其仁：最后想谈谈中国制造业的发展进度。我认为中国制造业的发展可以分为四个阶段。

第一个阶段：看到了也不会造。

第二个阶段：看到了会造，但造不好。

第三个阶段：造得略微好一点，然后杀价，做“价格杀手”。比如做热水器、厨房电器的万和集团，它是20世纪80年代做点火枪起家的。为什么做点火枪？因为那时国内的火柴2分钱一盒，但从日本进口的点火枪能卖到70元。为什么要花70元点火？这个东西酷！于是万和买来点火枪，拆了研究明白，再自己造，卖得便宜，最后日本的点火枪在中国卖不动了。后来点火枪的利润没了，万和就转型做热水器。

第四个阶段：越来越多的企业已经开始行动——改善品质。比如小米，刚诞生的时候主打性价比：同样价格下，质量要好一点；同样质量下，价格便宜一点。后来小米发动品质革命，提升质量，塑造品牌，带来品牌溢价。

整体来看，在“看到了造”这条路上，我们已经走得很远了，但在光刻机、芯片等超复杂、超精密、超稳定的设备上，我们还有不短的距离要追赶。很多企业介绍“我们这是德国设备、意大利设备、日本设备”，我就问中国企业造不了吗？答案是有些设备的确造不了，但也有好多设备国内能生产，中国客户却不愿意买，为什么？因为在稳定度和良品率上还差一点点。

差一点点，这句话讲得很客气，但这一点点恰恰是最难的。跑过短跑的人都知道，刚开始时提高速度还比较容易，但最后可能与第一名就差那么一点点，可是想再提高哪怕0.1秒都非常难。如果能把这一点点拿下，那中国制造业在“看到了造”这条路上可以说是真的走到了制高点，接下来是不是该往“想到了造”这条路上走？先有想法，再有产品，人类的智慧是无穷无尽的，这条路是永远都“卷”不起来的，但前提是你得能踏上这条路。

如果还是想着“抄作业”，我们与世界主要经济体的贸易摩擦肯定会继续发生，我国企业的道德声望多少也会受影响，客观上讲，这也是在逼着我们走原创这条路。所以企业家们要多关注一些企业里创新的苗头，哪怕还很小，也要踏踏实实地把它做好。

本文首发于微信公众号“正和岛”，
原标题为《周其仁烟台夜话》，内容有删减
编辑：王夏苇

李增群 批注⑤：

“抄作业”是跟随战略下的一种技术能力培育策略，不能否定它在特定历史时期的价值，但对于任何一家立志基业长青的企业来讲，高楼不能建在别人的地基上，真正的创新必须是核心技术的自主突破。

技术创新能力来自哪儿？冰轮对技术创新的路径有六大表述：“模仿创新、自主研发、产学研合作、OEM、合资合作、技术引进”。当下也许就剩下“模仿创新、自主研发、产学研合作”三条路径了；等到慢慢走进“无人区”，就会只剩下“自主研发、产学研合作”这两条路径。核心技术最终只能是“人无我有、人有我优”。

李增群 批注⑥：

制造业的本分是做产品；做产品的极致是做精品；做精品的基础是拥有产品全生命周期的核心技术；拥有核心技术的首要条件是建立、健全技术创新体系；要创新必须持之以恒建立良好的创新文化、培育创新的沃土，这样才能日积月累地形成创新的意识，加上人才的培育，才有创新的可能。而且，并不是所有的创新都是惊天动地的颠覆性创新，一点一滴的小改小革也是创新。只要有超越，就是创新。

推荐语

谋全局，也谋一域

尹烨 推荐
华大集团CEO

拜读了《决策之道》对刘宏先生的访谈，感慨良多。

改革开放以来，中国持续深度融入世界经济，中国企业也逐步走向海外，几十年来取得了许多骄人的成绩，同时也有一些惨痛的教训。2023年以来，中国国际交往和商业活动恢复势头迅猛，越来越多的企业希望到海外寻求进一步发展。刘宏先生以其多年的跨国企业工作经验，指出了许多具有共性的问题，相信对于中国企业出海具有宝贵的参考价值。

华大成立于1999年，代表中国和5个国家的科学家一道参与了人类基因组计划。今天，华大业务已经覆盖100多个国家和地区，在沙特、泰国、印尼、塞尔维亚、拉脱维亚、埃塞俄比亚、澳大利亚等国设有研发基地或实验室，国际收入占集团总营收的40%左右。

个人浅见，中国企业出海，建议考虑以下问题。

一是政治风险。中国提出的“一带一路”倡议受到许多国家欢迎，为中国企业提供了难得的机遇。同时也应看到，当今世界，保护主义、民粹主义、去全球化、反全球化的思潮泛滥，世界上很多地方对于同中国、中国企业、中国高科技公司合作还存在着不少疑虑；政府更迭、政党更替后，对中国企业的态度可能出现变化；某些国家的长臂管辖影响中国企业在其他国家的正常发展经营。

这些因素不是企业自身能够掌控的，但可能对企业出海造成极大影响，企业需提前充分评估，并紧密跟踪形势。

二是资质标准。企业出海时要高度重视申请当地资质标准，严格做好产品合规。从更大的视角看，从符合标准到制定标准是企业发展的必由之路。华大成立以来，累计制定行业标准和国际标准近300项；我所在的粤港澳大湾区标准创新联盟和深圳市标准化协会，一直致力于推动相关领域标准的国际化。

未来国际竞争的高级形式是国际标准的竞争，企业应努力将自己的企业标准打造为行业标准，推动国家将自己的国家标准确立为国际标准，以期引领行业良性发展，更好地参与国际竞争。

三是本地化。本地化是一个宽泛的概念，产品和服务使用本地语言，开展技术转移和人员培训，当地设厂生产以降低采购和运输成本，销售、服务和管理层岗位引进当地人才，符合当地环境、社会和治理（ESG）要求，在当地开展社会责任项目，都是本地化的不同阶段。

本地化的远景目标是，融入当地供应链、产业链、价值链，融入当地社会和文化；企业经营的理念并不是在当地赚取短期收益，而是为当地经济和民生持续做出贡献。只有在这个时候，企业才会真正成为当地的一份子，得到当地政府和人民真心实意的欢迎和支持。

企业出海有风险，到印度去需谨慎

刘宏 独家访谈

全球化智库（Center for China and Globalization）副主任兼高级研究员

“机遇与挑战并存”，如今已经不再仅仅是形容海外市场的一个概念，而是已经成为出海企业感受到的切肤之痛——TikTok一度在美国被威胁封禁；小米在印度被没收折合人民币约48亿元的银行款项，相当于在印度9年利润总额的6倍。频发的风险和挑战，为出海企业敲响了警钟。

全球化智库副主任兼高级研究员刘宏有35年的跨国企业从业经历。20世纪80年代，大学毕业的他加入进军中国不久的美国惠普公司，由此开始职业生涯，此后曾任印度历史上第一家美国上市公司、IT服务企业翘楚印孚瑟斯（Infosys）的全球副总裁兼大中华地区总裁等职务。在接受《决策之道》专访时，刘宏给中国企业提出了3条应对出海挑战的建议：谋定而动、顺势而为、行稳致远。

谋定而动：企业出海先做战略思考

《决策之道》：中国企业走出去不是一件新鲜事，在当前阶段，您认为企业出海的“新”体现在哪里？

刘宏：中国企业出海可以分为三个阶段，不同的阶段走不同的路子（见下页图1）。

第一阶段的标志性事件是2001年中国加入WTO。到了2008年，全球受到金融危机冲击，由于中国本身具备商品制造能力并借助与世界自由贸易的窗口，来自中国的价廉质优的产品开始大量走向国际市场，起到了用产品反哺世界、缓和危机的作用。随着中国经济的体量在2010年开始超过日本，成为世界第二大经济体，中国资本开始在国际市场上掀起海外投资的热潮，2013年中国“一带一路”倡议的提出，标志着中国企业的出海进程正式进入了第二阶段。

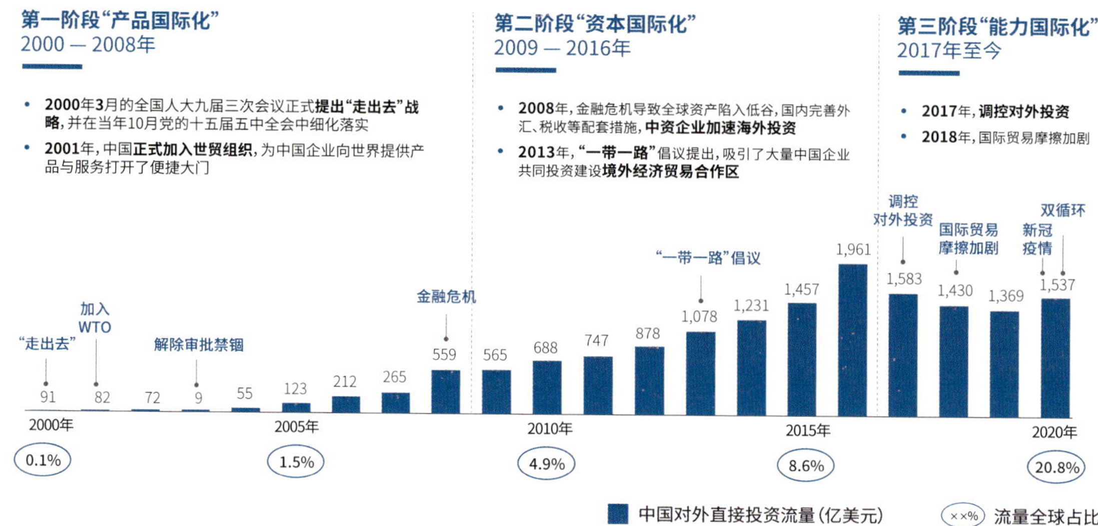

图1 中国企业出海的三个阶段

资料来源：商务部、国家统计局、国家外汇管理局、联合国国际贸易法委员会、案头研究、BCG（波士顿咨询公司）分析。
注：对外直接投资流量指报告期内境内投资者直接向其境外企业实现的投资净额（即减去其境外企业反向投资额），包括新增股权、当期收益再投资、当期新增债务工具。金融业的对外直接投资指股权投资和收益再投资（包括贷款、应收款）。

随着中国经济体量增大，地缘政治和区域性贸易摩擦问题开始显现出来。目前的出海第三阶段中开始出现两个主要趋势。一是中资出海投资与国际市场布局开始呈现地缘性变化。中资企业与投资开始从欧美地区收缩，转移汇聚到东南亚、“一带一路”沿线国家和中东地区。二是经过前两个阶段的锻炼和成长，中国企业出海的模式开始出现显著的变化（见下页图2），很多企业通过能力国际化和资本国际化开始在国际市场中建立更加扎实的业务发展基础和运营模式，比如在电动载人汽车、太阳能电池/锂电池以及再生能源使用等新兴领域形成“新三样”的产品领先标志，这些特定领域带来了更多增量。

《决策之道》：您如何看待中国企业当前出海面临的国际形势？中国企业应该如何看待出海风险？

刘宏：现在全球地缘政治局势处于顶风阶段——顺风走得快，顶风就走得慢，地缘政治风险加

	传统出海模式		新出海模式
产品开发	**技术整合，快速跟随：**成功整合、快速跟随先进技术及设计，推出更加廉价或性能改进的产品	>	**技术领先，持续推新：**自身技术或设计水平达到全球前沿，持续迭代新模式、新产品
 供应链	**成本优势，国内为主：**利用国内人才红利和产业聚集优势，实现部分环节如应用研发、制造的成本降低	>	**敏捷协同，能力输出：**产业上下游敏捷协同、对市场快速反应，通过能力输出将优势复制至海外
品牌渠道	**低价先行，逐步升级：**利用低价优势首先开拓发展中国家或发达国家的细分市场，逐步升级	>	**数字先行，以高打低：**借力数字营销渠道，首先开拓发达国家市场，借助影响力辐射至其他国家
生态合作	**借力伙伴，融入当地：**通过合作伙伴建立和巩固当地市场优势，逐步实现本地化	>	**全球合作，内外促进：**和全球伙伴建立广泛合作，共同开发内外双循环市场

图 2 传统出海模式与新出海模式对比

资料来源：BCG。

大，全球经济形势不乐观。同时，包括中国、印度、印尼在内的新兴经济体成长速度较快，对传统的发达经济体构成了挑战。整体来看，目前企业出海的挑战确实比较多。

但我们也要看到，目前中国已经是世界第二大经济体，为世界提供了非常多的产品和服务。与10年甚至20年前相比，当时是全球最好的跨国企业来中国寻找商机，现在是越来越多的中国企业探讨怎样出海，寻求更多的成长空间。

中国企业需要注意的是万变不离其宗，生意的本质没变，商业的原则也没有变。所以出海的企业不要脑门一热，要有清晰的战略性思考，谋定而后动，这样失败的风险会小一些。这个过程不存在捷径，不要抱有侥幸心理。

《决策之道》：在这种形势下，您认为中国企业出海应该从哪些战略维度布局？或者说，中国企业怎样才能在尽量降低风险的同时抓住机会？

刘宏：企业要想在战略分析上有清醒的认识，可以从五方面做考量：一是"我为什么要去"；二是"我要去哪里"；三是"我怎么去"；四是"我在当地和谁一起去"；五是"什么时候去"。

举个例子，之前比亚迪计划在印度投资10亿美元做电池生产，后来由于地缘政治的因素取消了。我认识的一位印度前高官对此很感兴趣，他告诉我，企业在印度需要考虑跟谁在一起做事，如果没有当地支持，情况会变得很复杂。这让我想到20世纪七八十年代美资公司进入中国时也曾面临同样的问题：两个国家语言不同、做生意的方式不同，他们既不了解我们的法律法规，也不了解我们的员工和市场，寻找合适的本地合作伙伴就比较重要了。

万变不离其宗，生意的本质没变，商业的原则也没有变。

考虑到复杂的地缘政治和经济因素，只做简单"买"和"卖"的跨境贸易企业出海相对简单一些。而对于具有一定体量及需要在当地市场进行布局的企业来说，就需要进行适当的战略规划来考量、评估这些市场所带来的机遇、挑战和风险。基本的思路就是要有清晰的认知和准备环节：最好的情况是怎样的？最差的情况是怎样的？通过什么样的合作伙伴来补齐短板和降低风险？企业出海要对这些关键问题进行深度研究，有清晰的认知，对风险和投入进行评估，而且要在B方案（备选）上达成共识。

顺势而为：到印度去，但不要一开始就去

《决策之道》：您对印度比较了解，印度市场有时被看作"出海热土"，有时又是"外企坟场"。面对这种不确定的环境，中国企业该如何抉择？

刘宏：在我看来，一些跨国企业，特别是欧洲和美国企业把印度当作投资热土，有几个方面的考虑：一是印度经济在快速发展；二是印度人口年轻化；三

是印度经济基础薄弱，有跨越式增长的机会。不过，与中国相比，印度在很多方面包括营商环境上还差得远，这就是风险所在。

中国的企业对印度的营商环境需要有一定的认知，不能从中国或美国的营商环境来看印度的营商环境问题。印度目前还处于高速发展阶段，其市场既有大多数发展中国家基础设施落后与官僚习气浓厚的特性，又有不同于广大发展中国家的治理体系。关于印度有一些基本共识：第一，印度是三权分立的，政府、立法机构、执法机构是互相制约的关系，体制和中国不同。第二，印度的政策也存在不确定性，一样的政策可能有多种解释，营商环境的“土壤治理”需要持续地讨论与争辩。由于地缘政治的影响，当地政府对你有意见的时候，政策执行尺度会严一点，所以企业在主要经营事务中尽量不要留下太多灰色地带。第三，由于民粹主义或舆论的影响，有些人还会别有用心地宣扬或放大一些合作风险问题，没事找事，这种情况也不能排除。

所以对于中国企业来说，第一，要清楚印度市场和中国市场的区别，不要以做中国市场的思维做印度市场。每个国家的情况都不同，在国内做品牌和服务要符合中国的特点，在印度也要注意印度国情。第二，印度是一个封闭的市场，外汇受管制，企业盈利的钱怎么转出来？供应链的上家、下家怎么支付才能降低风险？是在印度还是在新加坡、美国支付？能否通过采用与合作伙伴合作的形式来经营印度市场？这些方面需要多一些考量。

还有一点需要注意，中国企业对印度市场的认知或许和现实情况有一定差异。大多数中国企业、媒体对印度的了解都是基于二手甚至三手资料，很多情况下得到的可能都是负面消息。但实际上世界上的大企业，如Meta、谷歌等跨国企业都在印度做生意，它们在印度市场的投资回报率比在全球市场的平均投

不要脑门一热，要有清晰的战略性思考，谋定而后动，这样失败的风险会小一些。

资回报率要高；欧盟过去几年在印度的直接投资也有很大提升。所以去印度投资在欧美企业看来还是一件很时髦的事。

所以，中国企业到印度去，一定要明白其中的机遇和挑战，到这样的市场可能是要“交学费”的。企业去一些国家是在“游泳池”里游泳，去另一些国家是在“大江大海”里游泳，出海去印度就是在“海”里游泳。如果不在“海”里学会游泳，就永远感觉不到海有多大。把印度这个增长潜力这么大的市场排除出视野，是很可惜的。

《决策之道》：所以您认为印度还是一个非常值得投资的地方？

刘宏：对，但不是说所有的企业都应该去，企业可以先考虑要不要去。如果外国的优秀企业都到印度去，那中国具备一定能力的企业要去吗？我认为答案是肯定的。

换个角度来看这个问题，我在20世纪80年代大学毕业后就加入了中国惠普，那时的外企刚进入中国市场，不也面临同样的问题吗？他们和我们说不同的语言，和中国有不同的法律法规、管理体系，甚至最初也是要通过政府渠道才可能在中国做生意。我们今天去印度遇到的问题跟那时候外企到中国遇到的问题是一样的。

中国企业先想要不要成为真正的国际企业，再想要不要出海蹚印度这摊水，这样才能形成一批具有国际化能力和意识的全球性企业。

《决策之道》：一些中国企业会把印度作为全球化布局的第一站，您是否建议这么做？企业是否应该先在其他市场积累经验，再在印度布局？

刘宏：我不建议中国企业把印度作为出海第一站，学费有点高，风险比较大。为什么要先挑“太平

如果不在“海”里学会游泳，就永远感觉不到海有多大。

洋”去学游泳呢？除非你不考虑你的学费和机会成本。中国企业出海第一步可以选择那些发展起来相对容易、政治风险比较小的国家，先布局相对关系友好、监管透明的市场，比如东南亚和参与“一带一路”的友好国家。我知道一家做女鞋的民营企业——华坚集团，有好的技术和产品，与埃塞俄比亚政府关系也很好，在那里投资将近10亿美元，为当地创造了几千个就业岗位。

目前看来，对绝大多数还没出国的中国企业来说，可以先挑东南亚国家出海，积累打造当地市场的经营经验：怎么定计划，怎么抓业绩，怎么控制利润和成本，怎么实现总部团队和当地团队的融合，怎么打造企业在国际市场中的治理架构……新加坡、马来西亚、印尼，甚至越南，都是相对比较容易进入的市场。

关于如何选择海外市场目的地，很多国内企业已经摸索出了一些规律，可以作为参考（见图3）。

海外市场目的地分布

Q：企业目前的海外业务涉及哪些地区？

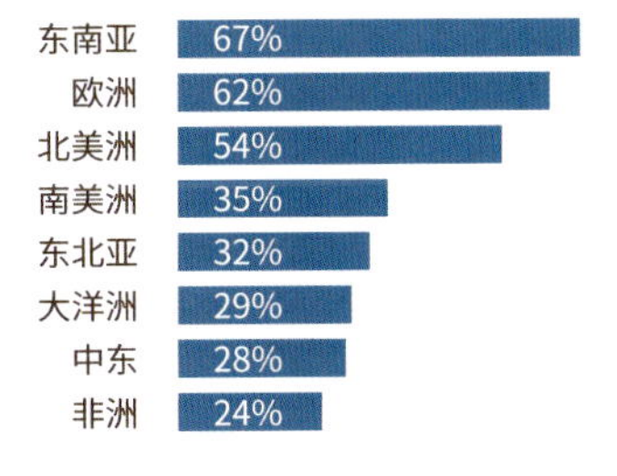

海外市场目的地筛选标准

Q：企业选择国际化目的地时，主要筛选标准有哪些？

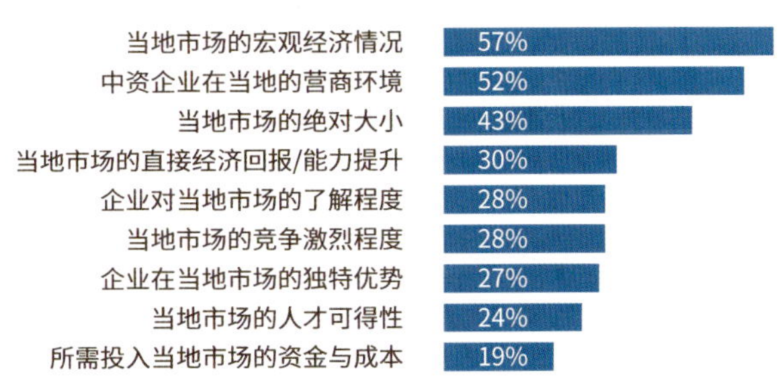

图3 中国企业出海目的地分布与筛选标准

资料来源：针对国内400家国际化企业的问卷调研及访谈，BCG分析。

行稳致远：忍住寂寞是成为伟大国际企业的必经之路

《决策之道》：您在不少跨国企业工作过，业务范畴

也涉及北美、亚太等的25个国家和地区。就您的亲身实践经验来说，企业出海最常见的风险是什么？该如何应对？

刘宏：常见的风险主要是在一些国家受到地缘政治影响的风险或限制外国投资所带来的风险，以及面临所在地的经营合规问题。

> **企业在辉煌时从一个市场走向另一个市场，要当成一次创业，要有清零心态。**

中国出海企业更多的是产品导向企业，因为靠一流的产品加上敢打敢拼的冲劲，在国内市场就基本搞掂了，相对而言，对国际形势与地缘政治的感知就偏弱一些。在出海相对容易的东南亚，中国企业在企业经营上、用工上做到合理、合法、合规，之后就能通过产品和服务来开拓当地市场。而到了欧美、印度这些地缘政治局势紧张、贸易保护主义与民粹主义翻腾的地方，在企业治理上就要考虑深入一点——TikTok就在多个国家遭遇了地缘政治上的麻烦，尽管单纯从产品上看是没问题的。跨国企业不仅要在这些地方合理、合法、合规经营，还要在当地找到好的合作伙伴、顾问或政治方面的经验、支撑，更要在当地合适的平台、媒体上发声来捍卫自己正常开展商业活动的基本权利。出海的鸟儿不仅要起得早，还要敢于放声高唱。

另外，虽然相当数量的中国企业在管理跨国业务方面做得不错，但对于浅尝出海或计划出海的中国企业来说，也要仔细想一想：用中国思维还是用当地思维来管理企业？怎样把总部的思维和对当地企业分部的管理模式整合在一起？如何求同存异，既要合理、合法、合规经营，又要给企业国际化、成为真正的全球性企业打下坚实的基础？这些都是中资出海企业需要考虑的事情。我建议，在美国、欧洲、印度这些市场容量比较大的地方，企业可以建立一个咨询委员会或董事会，请当地有经验的商界领袖加入，帮助企业审时度势地评估经营风险，提供经验和资源来降低风险。

也就是说，中国企业在海外布局要有几个重点：

一是产品和服务要够硬，能够打下市场；二是当地团队要够强，能够带着产品和服务深耕开花；三是要建立有力的董事会或咨询委员会，来帮助企业管控在异国他乡的经营风险。有了综合性的考量，才能在海外关键市场形成行稳致远的发展模式。这是三个不同的角度，大多数中国企业目前还处于关注前两个方面的阶段，对第三个方面考量得比较少。

《决策之道》：一些中国企业尤其是互联网企业在国内发展比较快，出海之后却发现在国外市场并不具备在国内的优势，这倒逼着它们重新去思考自身的核心竞争力。准备出海的中国企业该如何客观地审视自己的能力？

刘宏：**第一，企业在辉煌时从一个市场走向另一个市场，要当成一次创业，要有清零心态。**比如中国的互联网企业占了人口红利，监管政策也一直比较开放，再加上资本的推动，本应该做10年、20年的事，只用三五年就全干完了。但这个逻辑在新市场并不适用，在异国他乡的海外市场可能充满惊涛骇浪，成熟企业一定要有清零的心态。

第二，要了解当地市场，把中国经验与当地市场营商习惯、实践结合起来，把产品和服务模式按当地社会习惯进行设计。企业出海不仅要平视，还得谦虚一点，出海是去服务当地客户的；只有客户满意，加上企业治理模式合理，出海业务才能稳健发展。

第三，很多中国企业还是太着急了。过去20年中国企业的机会太好了，有市场、资本助力，各级政府也大力支持，企业走得一直比较顺。但是，企业的全球化发展是一个循序渐进的过程，要站得高、看得远，也要做得细，才能行稳致远。接下来的阶段是打磨期，能够在这个阶段拼出来、熬出来的企业才是真正能够赢得所在地尊敬的、有活力的全球化企业。

我在科技行业工作了35年，看了、参与了很多成功的企业，也看过很多失败的企业，它们当年很牛，

企业出海不仅要平视，还得谦虚一点，出海是去服务当地客户的。

现在却连名字都没了。今天我们能看到的企业都是磨炼出来的，而不是打鸡血打出来的。做企业心态要平和一点，眼光放长远，对产品和服务要具备精细打磨的认真精神，对所在地的人文风俗与商业环境也要抱着虚心好学的态度，做与学要快，抠得也要细。

企业都是磨炼出来的，而不是打鸡血打出来的。

总之，企业出海的目的就是打造受人尊重的全球性品牌，凭借高质量的产品设计与生产能力来取得一定的国际市场占有率，赢得商业利润。若要实现这些目标，出海企业一定要得到所在地客户与合作生态的尊重和认可，这需要一个融入的过程。如果得不到所在地的认可，赚钱会只限于今天，明天会有地头蛇或更多对手前来竞争，不会长久。如果企业出海只是为了投机，为了赶一波潮流，用互联网的行话说是“风来了，猪都能飞起来”，以这种思维做国际化业务，我认为成功的机会不大。

中国企业要向跨国公司学习的一点是，商业的本质是挣钱，企业经营一定要有利润，赚多少钱是一回事，但绝对不能无止境地亏钱，这样才可持续。这也是经营企业对股东、员工与合作伙伴的基本责任。这是一个大浪淘沙、厚积薄发的探索与学习过程，可能5年、10年以后就会有更多的中国企业认识到这些道理。忍得住寂寞，冷静思考，快速执行，这可能是一些中国企业在未来10年成为伟大的国际性企业的必经之路。

采编：白志敏

2024年，中国企业“新出海”战略框架如何绘制？

黄渊普 撰稿
EqualOcean创始合伙人

2023年以来，中国企业“新出海”浪潮汹涌，成为企业主抓的核心战略。从2024年开始把“新出海”列为企业核心战略之一，不算早，也不晚。

2023年，EqualOcean创始合伙人黄渊普走访了亚洲、非洲、美洲、欧洲的20余个国家和地区，颇有心得。他为计划“走出去”的企业作出几点提示：坚持长期主义，至少看5年、想3年，踏实从第1年开始干。

看5年

5年以后，这个世界会变得怎样？

我们可以基本确定的是：5年后的2028年，中国的各类线上平台在海外将拥有数十亿的用户；中国的各类线下连锁店将把店铺开到世界各地；直连了C端用户后，源自中国、不断进化的各类品牌将在海外大受欢迎。

“新出海”是借助中国供应链优势、数字化和工程师红利等，由新一代中国企业家、创业者主导，以直连海外消费者的方式实现从卖货到卖品牌和输出技术的升级。“看5年”具体看什么？看影响“新出海”的国际局势、国家政策、技术变革、市场变化等。

（1）国际局势。5年后的2028年，中国和美国仍将是实力更加接近的两个超级大国。乐观的看法是中美和解，妥善解决了台海问题；悲观的看法是中美彻底交恶，走上了热战；比较中性的看法是中美时而激烈争吵，时而缓和，尽管竞争大于合作，但不会走上热战。

在中美关系之外，中国和全球多数国家的政治和经济联系将进一步紧密，“一带一路”沿线国家占中国的贸易额在2028年将有望达到60%以上（目前不到50%）。但整体而言，2028年世界大概率还处在“逆全球化”的下行周期里，世界局势依旧风高浪急……

（2）国家政策。可以乐观预测，到2028年，中国企业将攻克更多的高科技领域，中国将占据全球产业链的更好位置，低端产业转移到其他国家的情况会更为普遍。中国作为“世界工厂”的定位会明显改变，“去世界开工厂”变得更为流行。

中国将大幅提升经济外交的权重，对中国企业的海外利益保护能力明显提升。高水平对外开放进一步落地，“一带一路”进入深入落地“工笔画”阶段，以民营企业为代表的“新出海”企业将发挥越来越重要的作用。作为“丝路电商”合作先行区，上海将推出一系列制度创新，成为中国企业“走出去”的枢纽城市……

（3）技术变革。2028年，智能化时代将全面来临和落地。目前全球范围的数字基建大多由中国企业承建，数字基建支撑数字经济发展，也为后续的智能经济打下基础。数字经济是提升效率，智能经济是增加优质供给，全球贸易的范式将发生重大变化。

在技术变革创造更多岗位之前，全球范围内服务业白领失业率将进一步上升，这将使全球中产阶级占比进一步降低，各品牌的兴衰也将加速。而借助类似ChatGPT的先进工具，中国“新出海”企业在语言和消费者洞察上的劣势会慢慢减少……

（4）市场变化。中国外贸出口正由“老三样”（服装、家具、家电）往“新三样”（新能源汽车、锂电池、光伏）的方向发展，品牌化将成为“新出海”的基础门槛。当前实物贸易占绝大部分，2028年服务贸易的比重将大幅提升。无论是实物还是服务品类，质优价更廉的平民品牌才具备生存能力。

中国的低端制造业正转移至对华友好的国家，2028年时预计有一批受益于中国扶持和制造业转移

“新出海”现在是一个大趋势，后续将成为新一代企业的重要基础能力。

的国家获得快速发展。除了美国、东南亚、中东，拉美、东非、东南欧、中亚等区域有望成为中国企业出海更热门的区域……

以上粗略的“看5年”可以带给我们一些思考：

如知名投资人查理·芒格近期所说的，接下来20年中国依然是主要经济体中最值得看好的。中国企业做“新出海”，是应该“去中国化”还是强调自己的中国渊源？更好的方式可能是不过分强调自己的中国背景，也不要刻意隐藏自己的中国渊源。

如果全球数字基建真如上面所预测的那样，加上智能时代的全面到来，跨境和本地化的界限将变得模糊，对“Glocal”（全球本地化）的理解、资源配置和运营管理将和以往不同，中国企业的全球化和之前英国、美国企业的全球化方式也会有很大不同。

“新出海”现在是一个大趋势，后续将成为新一代企业的重要基础能力。无论是从中国出发还是在海外起家，“新出海”都不是放弃中国市场，海外收入占比30%~50%将是很多行业、领域的头部企业的标配。

关于“新出海”的问题需要更为精细化的答案，要具体到某一国家的某细分领域的客户/用户群体，真正理解和分析他们的需求，然后再提出解决方案。从目前先有产品和服务再去海外找客户/用户的阶段，过渡到未来客户/用户需要什么就生产什么。

想3年

企业的“新出海”战略目标不宜激进，要遵循“先慢后快”的原则。

在分析未来5年的发展趋势、有了基本的方向后，接下来要“想3年”，也就是制定企业的3年“新出海”战略：想要达到什么样的目标——做什么；目标的实现路径和策略是什么——怎么做；组织和资源配置又如何——凭什么。

“新出海”浪潮是在新冠疫情暴发后兴起的，

大多数企业真正准备“新出海”是在2023年以后。所以，大多数企业要对自己有客观认知：因为对海外市场理解不深，不能盲目乐观；在赚到钱之前，很可能要先交不少“学费”。

（1）做什么。EqualOcean的建议是，企业的“新出海”战略目标不宜激进，要遵循“先慢后快”的原则。即便是在国内有知名度的品牌，或者是在移动互联网时代证明过自己的创业者，出了国门基本也得重新开始。

“新出海”是突围战，也是一次重新创业。多数企业会把增加海外业务收入作为“新出海”战略的核心目标，但不应该限于此。“新出海”是进行全球资源优化配置，战略目标可以是用好海外资本（如一些新能源企业在中东获得融资），可以是节省人力成本（如一些中国企业招聘一些印尼、越南员工，减少国内的一些岗位），还可以是利用海外的智力资源来提升产品的设计感、品牌感等。

“新出海”的企业战略目标受所处行业、领域影响。比如电子消费品领域，一个产品从设计、研发，到市场测试、投放、出货，再根据市场反馈迭代产品，一套复杂的流程搞下来，要么成功，要么失败。传统企业或有很深的产业背景的创业者，往往需要更长的时间，需要多个3年“新出海”战略才能做出成绩。

如果参照10年前开始的各行各业电商和移动互联网转型，传统企业普遍花费5年以上时间才熬过痛苦期。“新出海”比电商和移动互联网转型复杂得多，用2倍以上的时间不为过。所以，对很多企业来说，用10年时间使海外收入占比达到30%以上，将前3年的目标设定为5%~10%，这并不算保守。

为了定一个合适的目标，做一些市场调研很有必要。要注意的是，市场调研要避免在熟人圈找认可，放大自身优势。找出合适的对标企业，对其进行全方

市场调研要避免在熟人圈找认可，放大自身优势。

即便卖再便宜的货，也要有品牌思维，讲出感性的品牌故事。

位调研，这往往是最好的方式。大多数中国企业刚开始“新出海”时的最大优势就是价格低，可以根据价格优势的强弱去设定目标。没有价格优势的企业，其核心目标可以从提升海外品牌形象入手。

（2）怎么做。EqualOcean把“新出海”粗略分为了解学习阶段、海外收入5%阶段、海外收入10%阶段、海外收入30%阶段、海外收入50%以上阶段，相对应的是，企业从没有国际业务部到有国际业务部，有完备的海外团队，用全球化供应链服务全球客户/用户。无论处于哪个阶段，企业都面临国家和市场选择、渠道搭建、客户/用户定位和产品适配、品牌和市场推广等工作。

在面临国家和市场选择时，除了市场空间，也要把中国和目标国家的政治关系、目标国家的政局考虑在内。中国企业在印度的惨痛教训，给企业敲响了这方面的警钟。选择国家和市场时，很多企业会选择华人多的地方，实际上华人少的地方很可能更好。中国企业喜欢去人口多的国家，但人均GDP高的国家可能更合适。另外，合规要求高的地方，进入门槛虽高，但后续风险会更少。所以在EqualOcean看来，欧美国家的市场风险小于“金砖国家”和发展中国家。我们可以看到，TikTok在美国国会被议员“围攻”，但TikTok业务在美国发展得依然不错；印尼和中国关系很好，但TikTok电商业务在2023年秋季被要求关闭了。

渠道搭建方面，虽然企业最终线上线下渠道都会覆盖，但在早期还是先借助线上渠道发展，后续再建设线下渠道更好。搭建线上渠道时，多数情况下要先借助有流量的平台（如亚马逊、SHEIN、TikTok）测试，再考虑搭建官方自营渠道。和中国不同，国外的线下渠道普遍更强，先做线上渠道是为了更快出发，线下渠道是更值得重视的渠道。

在客户/用户定位和产品适配上，选择小的切入点，找到、满足部分消费群体的需求即可。当前和接下来的较长时间，全球贫富差距将继续扩大。在大多数国家，要么做高端用户/客户，要么做底层用户/客户，缺少稳定的中产阶级将导致中间价位的产品较难（中国也有这样的趋势），EqualOcean看好有品牌感的平价产品做“新出海”。

品牌和市场推广层面，即便卖再便宜的货，也要有品牌思维，讲出感性的品牌故事。进行市场推广，企业既要有追求直接转化率的投放，也要按季度去做务虚的品牌露出。如果企业自己不主动讲品牌故事，就会被他人错误地代讲。针对海外市场的品牌和市场推广，要摒除中式控制思维，用好当地服务商和媒介渠道资源。

另外，收购当地企业或品牌、“借船出海”的方式有望更普遍。早期的联想、海尔，后来的复星、安踏、阿里巴巴、腾讯都采取了类似的方式，有不少成功的经验和失败的教训可供学习。未来几年，欧盟还将继续“往下掉”，欧洲很多有历史沉淀的品牌，其收购价格会变得有吸引力。

（3）凭什么。企业在转型做“新出海”时，第一责任人应该是企业一把手，因为“新出海”的风险和挑战巨大，内部其他负责人做不好，也承担不起相关责任。企业一把手要到目标国家至少花一段时间工作和生活。业内普遍认为，做“新出海”时，企业一把手每年在海外的时间至少要有4个月。

相比5年前，今天“新出海”的人才已经明显增多，但能做国际业务负责人的人才依然稀缺。无论是从企业内部选择国际业务负责人还是从外部引进，组建国际业务部门时要尽量选派没有历史负担的新人，用新的组织文化和管理方式去打磨团队。由核心团队成员带队，培养一支国际业务团队，至关重要。

在目标国家市场业务没有发展起来之前，企业可以先采取名义雇主的方式招募员工，达到预先设定的目标后再成立本地公司。本地公司的核心人员尽量

少跟海外应聘者谈理想，要更多地谈钱。

采取“国内派遣+本地招聘”相结合的方式，国内派遣到目标国家市场的负责人搞管理，本地招聘的负责人搞业务。

在资源配置层面，企业一把手要有长期投入的心理准备，尤其是去欧美国家，只要决定了做本地化，就要克服汇率带来的薪资成本压力，忘掉人民币和美元、欧元的区别。中国企业目前在海外并非优秀人才的首选就业目标，所以要少跟海外应聘者谈理想，要更多地谈钱。不少企业一把手自己不愿意跑海外，在海外招聘人才又舍不得花钱，结果不可能好。

干好1年

有了“看5年”和“想3年”的思考，企业对“干好1年”应该是有方向的。

很多企业在2023年对海外市场做了考察，2024年是落地实施之年。从世界货币基金组织发布的预测看，2024年经济增长和2023年持平（不理想）；按区域看，中东和中亚、撒哈拉以南非洲、拉美在2024年的经济增长会高于2023年。

有两个点值得关注：一是2024年是全球重要的选举年，包括美国、印尼等地的选举，都可能对中国企业“新出海”产生影响；二是2024年美联储大概率依然会维持5%以上的利率水平，这意味着“新出海”方向投融资低迷、各国的高汇率风险将持续。

2024年，Temu、TikTok Shop、SHEIN之间的竞争将进一步加剧，“全托管”模式给各行各业带来的巨大冲击已经完全显露出来。中国线下连锁门店在世界范围的激进扩张，同样值得关注。线上线下这两股力量在定义“新出海”的发展方向。

企业要用数据说话，按月或按季度复盘，来评判“新出海”战略的落实情况；在坚持长期主义的前提下，不断调整运营策略。出海第一年，战略执行不到

往往并非战略有问题，而是需要更长的时间才能找到高效的执行策略。

位很正常，往往并非战略有问题，而是需要更长的时间才能找到高效的执行策略。

“新出海”不是因为容易，而是因为更难才要去做的。

结语

“新出海”线上线下的“高速公路”会在接下来3年基本修好，流量逻辑将逐步过渡到产品逻辑。未来3年，对多数企业来说关键是做好各方面的准备，届时用好“高速公路”直达海外用户/客户，并根据用户/客户反馈快速迭代产品和服务，形成商业闭环。

“新出海”不是因为容易，而是因为更难才要去做的，它是企业升级到卓越、创业者升级到一流必须跨过去的一道门槛。一个长期主义的“新出海”战略要在人才和组织层面多下功夫，要在用户洞察、产品和品牌层面不断夯实基础。

整理自微信公众号“EqualOcean”，
因篇幅所限有较多删减
编辑：曹雨欣

延伸阅读

"新出海浪潮"有什么不一样？

◎ 黄渊普 EqualOcean创始合伙人

2022年中国企业家、创业者圈形成的"走出去"思潮，在2022年年底新冠疫情防控政策放开后，落地成了各行各业气势磅礴的"新出海"浪潮。此轮"新出海"浪潮和2001年中国"入世"后的外贸潮以及2013年后以互联网/移动互联网工具出海为代表的"旧出海"明显不同，具备以下特征。

（1）优势溢出。"新出海"是中国各种优势的溢出，相当比例的中国产业和企业已经具备世界级竞争力。

（2）本地化、重模式。"新出海"企业往往在目标市场建立本土团队、服务当地用户、融入本地社区，这有别于"旧出海"时代业务出海、人不出海的轻模式。

（3）长期的品牌思维。"新出海"摒弃短视的卖货思维，通过持续的投入和运营，建立真正被海外用户认可的品牌，实现溢价。

（4）从以欧美市场为中心到放眼全球。"新出海"不是放弃欧美市场，但不像以前那样忽视亚非拉市场。不少中国品牌的发展路径将是在亚非拉市场建立优势，再通过"农村包围城市"的策略进入欧美市场。

（5）从点状到全行业领域。"新出海"不仅指实物商品，也包括各类软件、工具；不仅限于商业，也包括文化、生活方式等方面。

在"新出海"浪潮下，我们发现：从东南亚到中东、非洲到拉美，各个国家和地区新出现的数字新基建（如社交平台、以智能手机为代表的智能终端、电商网站、支付、末端物流等）创业企业有相当比例是中国人或海外华人创立的。另外，无论是在欧美市场还是在亚非拉国家，无论是线上还是线下，由中国人或海外华人创立的全球化品牌正如雨后春笋般出现。

更值得期待的是，在代表新方向、新赛道的一些蓝海市场，一大批中国企业或品牌在全球范围内已经构建了很深的护城河。如果说中国在外贸"老三样"上还是跟随国外同行，在"新三样"上则已初步具备领导势能。

可以畅想此轮"新出海"浪潮的前景：许多中国企业的海外收入占比将达到30%~50%，抗风险能力大增；一批借助中国优势的天生全球化企业兴起，成为引领中国产业升级的新动能；融入当地市场的"新出海"企业将拉近当地用户和中国的心理距离，从民间层面推动当地对华关系发展。

在海外市场，中国企业可以再创造100万亿元的体量；在全球范围，源自中国的世界级品牌会大量出现。“新出海”的星辰大海，足够让人激动。

同样值得观察的还有“新出海人”。“新出海”有别于“旧出海”以及很多人更熟悉的“外贸”“跨境”，也是因为背后的从业者不同。改革开放以来，围绕着“走出去”粗略划分，先后有五拨不同的人群登上了舞台。

第一拨是20世纪80年代后自发去海外谋生的一批人，最初以东南沿海（如温州人、福建人）为主，后来各省份都出现了很多去海外谋生的人。他们凭借吃苦耐劳的精神，经过几十年奋斗在海外取得了商业上的成功。

第二拨是20世纪90年代开始由国企、私企组织的海外务工或劳务派遣，典型的是国企在全球承建基础设施招募的建筑施工类人员，也有华为、中兴、海信等企业派遣到海外开拓市场的人员。

第三拨是中国“入世”后，一大批外贸企业发展起来，随着中国廉价的商品畅销全球，叠加互联网/外贸电商，一大批“外贸人”快速成长。

第四拨是2013年后，凭借中国在互联网和移动互联网领域的领先优势，在工具、游戏、内容、电商等出海方向上出现了不少企业和从业者。

第五拨是2020年后，由新冠疫情催生的全球线上红利吸引了新一代创业者投身出海方向，他们更加具有全球化视野、技术能力和品牌思维。

早期为谋生“走出去”的人群鱼龙混杂，容易不守规则，不少人在海外干诈骗，搞赌场，明目张胆地抄袭，贩卖假冒伪劣产品。后期（尤其是最近两年）“走出去”的“新出海人”中，相当比例的人履历光鲜（一些“厂二代”正在接班，也有一批国内外名校毕业的年轻人加入“新出海”），嫁接了风险投资，有做世界级品牌的理想。当然，“新出海人”并不专指第四拨和第五拨“走出去”的人，而是包括所有对外做生意时有“挣钱之上的追求”的人。“挣钱之上的追求”包括但不限于坚持正向的价值取向、向国际企业的ESG标准对齐、融入和造福当地社区等。中国人和中国的品牌形象之前在海外被一些“旧出海人”毁坏了不少，“新出海人”正在带来积极改变。

“新出海”浪潮正是由“新出海人”也就是新一代创业者推动的，“新出海人”的队伍正在迅速壮大，“新出海”浪潮才刚刚开始。

整理自微信公众号“EqualOcean”，因篇幅所限有较多删减

编辑：曹雨欣

一岁跌宕终了，时感心意难平。四顾云晦寒彻，坐待风起龙行。

插画摘自 @ 老树画画

案例 CASE

面对逆全球化风暴，TCL“船长”李东生如何领航？

李兆奇 撰稿
福布斯中国执行主编

在经济全球化走势愈加迷离的当下，李东生可能是为企业全球化发展奔走呼号声量最大的中国企业家之一。在2023年夏季达沃斯论坛上，他不厌其烦地强调企业家精神是破局逆全球化、重塑全球经济、实现合作共赢的关键，企业要用新模式持续推进全球化。那么，他带领的TCL如何开展新阶段的全球化布局？作为一位企业家，他又是如何看待当下东西方文明的风云交错？福布斯中国近期专访李东生，记录下其思想脉络。

1945年以来，世界经济一直按照美国承诺支持的规则和体系运行。这带来了前所未有的经济一体化。此举促进增长，也创造了队伍庞大的跨国公司群体，并帮助东西方在冷战之后，基于商业快速建立起一种“你中有我、我中有你”的发展格局。如今，这一体系变得岌岌可危。各国竞相推出的补贴与本土贸易保护政策，将制造业从盟友和竞争对手处吸走。

旧体系崩塌的苗头始于2009年，彼时，金融危机刚过，美国对自身问题应接不暇，其维护全球贸易一体化的“兴趣”减弱。2021年，拜登上台后放弃了自由市场规则，转向激进的产业政策，导致这一次全球化思潮剧烈回缩。2023年，当张忠谋在台积电美国落厂奠基仪式中无奈地说出“全球化已死”时，更标志着“零和思维”时代的开启。

对于TCL创始人、董事长李东生而言，如何审视新的危机，进而探索出一种增量成长的可能性，或许将为中国企业在“逆全球化时代”带来一味良方。

逆全球化风暴等待TCL闯关

当组织的增长接近天花板，风险往往来自内部。

李东生执掌TCL以来，带着他的好运气穿越了3场风暴。

第1次是在1993年，刚转型彩电业务的TCL就被卷入中国商业史上最早的电子产品“价格战”。这场“战争”奠定了中国特色社会主义市场经济体制下，企业战略与竞争方式的底层逻辑。而后，从冰箱、空调、智能手机到电动汽车，相似的剧情反复上演。在这场风暴中，李东生也验证了“分公司销售”这一创新模式，真正意义上完成了将地方性产品快速铺满全国并构建强品牌价值的实验。

第2次是在2004年，TCL收购法国彩电巨头汤姆逊（Thomson）与欧洲电信设备制造商阿尔卡特（Alcatel）。这一次，李东生虽然定义了中国制造业全球化扩张的航程起点，但在此后2年里，连续的巨额亏损也让TCL盘亘于破产边缘，经历一轮又一轮重组、裁员。钝刀割肉般的“痛楚”过后，这艘大船才艰难地驶入正轨。这次有预谋的“冲入风暴”，也奠定了TCL此后20年海外市场的基本盘。

第3次风暴始于2017年，当年TCL收入破千亿元，净利润仅约35亿元，而相同收入规模的友商，盈利能力均是TCL的7倍有余。当组织的增长接近天花板，风险往往来自内部。虽然这次的风暴并不比前两次严峻，至少企业短期生存还没有遭受挑战，但李东生面临的压力前所未有。他需要将拖累经营效率的业务出清，同时通过业务拆分让TCL重新找回“焦点”。作为一个商业组织，为避免“老化”，TCL还需要找到方法，构建新的增长引擎。更严重的是，在李东生大刀阔斧推动改革之时，问题也暴露在媒体、员工、股民和用户面前。

在这一时期，TCL共剥离了100多家下属企业，并对有一定经营价值和竞争力的子公司进行重组。也是在这一时期，李东生通过收购当时的天津中环集团，跨入新能源光伏领域。

在不确定的市场环境中，TCL与危机的关系一直在变化。从一开始被卷入风暴，到主动穿越风暴，再到后来直面内心创造一场风暴，李东生也在这40年间，完成了从创业者到企业家，再到商业思想家的升维。

时至今日，在3场风暴的塑造下，全球市场约1000亿元智能终端业务收入、657亿元半导体显示业务收入以及670亿元新能源光伏及半导体材料业务收入构成了TCL商业版图的大致面貌。“船长”李东生站在甲板上，凝视着远处的海平面。此时，他需要思考一个新问题——中国企业全球化的下一站在哪里?

在2023年6月的夏季达沃斯论坛上，李东生谈到，当前全球产业链、供应链转移与重构，由广域的全球化向区域化、本地化方向发展。现在，不确定已经成为常态，为应对全球经济格局变化，中国企业要将全球化作为战略发展方向，从输出产品转向输出工业能力。

2023年8月，在与福布斯中国的对话中，李东生依然强调：“全球化仍然是大趋势，但也必然会出现全新的模式，需要我们站在全球市场的高度来通盘考虑问题，而不只是站在中国这个单一市场上。同时，中国企业要提升全球化的运营能力，在全球范围加强产能和供应链的布局，突破全球化发展的‘天花板’，真正实现跨国经营。这是全球环境变化对中国企业的全新要求，也是重新思考人类命运共同体的特殊时间节点。”

全球化仍然是大趋势，但也必然会出现全新的模式，需要我们站在全球市场的高度来通盘考虑问题，而不只是站在中国这个单一市场上。

李东生的经历是一部未完待续的中国当代商业史，他参与或目睹了中国绝大多数标志性的商业社会变革与技术驱动的产业浪潮，他带领的TCL不仅是中国制造业向高价值领域突围的缩影，也是时代变革下的探路者。这家公司未来让人充满想象的地方在于它所探寻的中国制造业边界，以及不同视角下被重构的中国制造与全球化新故事。如今，TCL即将驶入新的风暴，或许与前3场都不太相同，这是东西方文化激烈碰撞所创造的危机。从某种层面上讲，李东生需要从文化差异出发，找到各个国家、众多消费者以及TCL全球员工价值观的最大公约数，进而发现一种中国叙事范式的跨国企业文化。

中国是全球化的受益者，也是原动力

“大约在1995年，关贸总协定改为世界贸易组织（WTO）之后，全球化的进程随之加速。在这一进程中，制造业扮演了全球化发展先锋的角色，即实业率先迈向全球化的道路。”李东生回忆道，当时西方国家有强大的经济竞争力，能够快速打开全球市场，让优势工业迅速渗透。

中国在加入WTO后参与到全球化发展进程中。“最初，全球化对国内的产业冲击很大。我记得，外资进入中国之后，很多中国企业就马上被冲垮了。以电视机为例，在相当长的一段时间内，日本电视机品牌几乎垄断中国市场，这就是全球化带来的一种变革。”他说道。

20多年来，在WTO规则的影响下，全球各国降低关税，鼓励投资和贸易在全球市场自由流动，推动了全球经济的快速发展，也促进了全球经济格局的变革及全球财富的重新分配。据西方经济学家研究，过去20多年，全球经济每年增长1~2个百分点，而时至2019年，中国经济对全球经济增长的贡献率达40%。比尔·盖茨曾说：“中国崛起，才是世界的巨大胜利！”

在全球化进程中，中国抓住了时代的机遇，中国制造的产品也开始大量出口，对外贸易顺差也越来越大。在2023年福布斯“中国企业跨国经营50强”榜

逆全球化或许只是全球化走向下一阶段的小调整，未来，新的增长逻辑将会被创造，只是目前还没有形成共识。

全球化的趋势是不可逆的，但全球化的模式和路径可以改变。

单中，上榜企业的海外收入平均上升41%。TCL也在这段时间将电视、面板、光伏硅片的市场份额推至全球前列。李东生强调：“现在，中国制造在全球工业产量占比已超30%，这是20多年前不可想象的。”

然而，新冠疫情、地缘政治等风险成了这些公司全球竞争力升级的“绊脚石”。

企业要以本土化布局应对全球化变局

面对全球化的巨大改变，李东生认为，未来WTO的规则、全球经济格局、全球投资贸易体系等都会被重构。对此，他也提出了自己的看法和应对之道——以本土化推动全球化，为所在地的经济、社会发展做贡献。李东生认为：“中国企业的全球化布局应积极融入当地，为所在地经济社会发展提供贡献，要从输出产品转变为输出工业能力，赋能当地产业，同时构建产业生态，与全球合作伙伴合力推进产业创新升级。”

目前，TCL智能终端业务60%的销售来自海外市场，并在越南、波兰、墨西哥、巴西、印度等国家建立了智能终端生产基地；半导体显示方面，TCL华星在印度建立了第一个液晶显示模组工厂，总投入约30亿元；新能源光伏方面，TCL中环通过参股的合资企业Maxeon在马来西亚、菲律宾、墨西哥等地建立了光伏电池和组件工厂，还计划与沙特企业合资在当地建立光伏单晶和晶片工厂，以扩大当地的光伏产能。

“向全球输出工业能力，而不是简单地输出产品。打造本地经营网络和供应链，在支持海外业务拓展的同时，也为当地社会经济发展做出贡献。特别在最近10年，这种商业模式不断被强化。”李东生对福布斯中国再次强调这一点。

事实上，李东生的经验与路径也正被在华经营的外资企业反向验证。2023年，福布斯中国在针对外资公司在华经营情况的调研和统计中发现，过去3年外资公司的本土化2.0亦是它们的经营主旋律。一方面，越来越多中国本土CEO开始主导外资公司的在华业务，同时也获得更大的自主权；另一方面，过去3年外资公司在华的研发投入显著增加，主要集中于电动车与光伏相关产业。

在全球员工的文化与价值观存在差异的情况下，组织能力会成为跨国企业眼前的考验。

中国工业能力的输出在外资企业高管人事变动中体现得更为直观。2023年4月，特斯拉中国CEO朱晓彤升任特斯拉汽车业务高级副总裁，成为这家公司最重要的高管之一，并着手推进特斯拉在墨西哥超级工厂的建设投产。

从某个方面看，特斯拉与TCL正跨入同一条河流。在节能减碳、绿色发展的大背景下，全球对光伏产业需求的增长加快，而这些需求不可能完全依靠中国的生产出口，所以多数国家都提出在本国发展光伏产业的计划。“如果我们不积极参与全球业务的拓展，这些机会将被其他国家抢去。”李东生说。

至于全球化的终局，李东生认为：“长期来看，与发达国家相比，中国制造拥有效率、规模、供应链等核心竞争优势；而与其他发展中国家相比，拥有门类齐全、技术先进、生产效率高等综合优势。所以，未来中国制造的核心技术将依然保持在国内。但在推动国内经济发展的同时，中国企业也要积极布局全球化，来维持在全球竞争中的优势。”

探寻企业经营的东西方兼容之道

逆全球化对中国来讲很容易造成一种应激性的恐惧，并且还会以群体性的社会表征出现。或许因为过去20年中国本土制造业的勃兴创造了一代人的红利，而后又看见美国制造业空心化所引发的贫富差距扩大，便惯性地将制造业外迁当作一种负面消息。事实上，逆全球化或许只是全球化走向下一阶段的小调整，未来，新的增长逻辑将会被创造，只是目前还没有形成共识。

对此，李东生强调："首先，全球化趋势不会改变。全球化的根本目的是提升效率，近代文明、科技、工业都是通过全球化的途径进行传播，从而推动了世界的互通和发展。今天，全球化依然是推动经济发展最有效的方式。"

"其次，全球化的趋势是不可逆的，但全球化的模式和路径可以改变。"他认为，过去全球化强调的是效率，所有要素在全球自由流动。"20年前，中国刚加入WTO，我在参加亚太经济合作组织（APEC）中国工商理事会时发现，西方的学者、政府领导人都在试图说服中国打开国门。但今天，这一角色已经转由中国来扮演，这意味着全球化的模式已经彻底改变，规则也将随之发生变化。"

规则如何改变，企业家无法预判。但在全球员工的文化与价值观存在差异的情况下，组织能力会成为跨国企业眼前的考验。

如今，李东生将一部分时间放在对东西方文明源流的研读上，来探寻全球化变局的更深层次原因，但他所寻觅到的答案更多指向经营之外。他说，过去自己一直读与企业经营、管理相关的书，这两年开始关注政治经济学、哲学等相关学科，其目的是试图从中看清和思考当前世界的变化、中国的变化和东西方之间关系的变化，同时探寻未来全球地缘政治发展的新趋势，以及企业在全球化发展中将面对的问题和风险。

哲学与科学是密不可分的。欧洲的文艺复兴大力激励科学和创新，背后也离不开哲学的支撑。

"如果环境的变化是在原有的逻辑和方法论下产生的变化，包括地缘政治、经济结构等框架，对于企业家来讲，我觉得基本上不用花太多时间去思考，因为只要跟上趋势就好了。但是，如今全球化发展的逻辑已经跳出了框架。无论是中美贸易摩擦，还是疫情，都是世界突变的重要因素，也是逆全球化的催化剂。”

李东生需要找到企业经营的东西方兼容之道。

他认为：“东西方文明的产生，从根源上讲是完全不同的，对于各自社会发展的影响也不一样。”在相当长的历史时期中，中国都是全球经济最强的国家。但工业革命改变了世界经济发展的格局，中国开始落后于西方国家，而推动近代西方快速发展的根源就包括——哲学。“哲学与科学是密不可分的。欧洲的文艺复兴大力激励科学和创新，背后也离不开哲学的支撑。”

反观中国，在漫长的历史长河中一直都未能系统地产生科学，我们的发明都是随机的、分布的、经验的，而不是理论的。所以，缺少科学是中国在近代落后于西方的重要原因之一。李东生认为：“虽然中西方有着不同的文明和发展路径，思维观念和逻辑也截然不同，但仍然有很多共通之处。我相信人类共同价值观是存在的，正如很多事物、观念都已经有了共识，或许现在还无法互相理解，但文明和观念都是可以被改变的，未来世界一定会有越来越多的共通点，这才是正道。”

李东生相信，人类的智慧、社会自然的力量将推动全世界走向同一个方向，人类一定要携手努力，才能拥有美好的未来，构建“人类命运共同体”的价值共识。

未来世界一定会有越来越多的共通点，这才是正道。

转载自微信公众号“福布斯”，内容有删减

编辑：王夏苇

延伸阅读

关于企业全球化经营，李东生的几点看法

◎ 李东生 TCL创始人、董事长

01

全球化是中国企业的必经之路，这个结论是很清楚的，其中有风险，也有机会。

第一，中国制造占全球制造产出的30%，而中国市场消化的产品总量只有20%，其中还包括中国进口的产品，所以，中国制造的很大一部分必须依靠全球才能消化。

第二，之前的经济全球化追求的是让资源在全球范围内进行最高效的配置，让所有要素在全球市场自由流动，但这几年全球投资贸易规则出现了重要变化，这样一种以WTO规则为基础的、投资贸易自由化的全球化，已经被一些国家认为有问题：中国的发展势头非常猛烈；中国企业在很多行业占据的市场份额都非常高。所以，中国制造业这种压倒性的竞争优势，使得开展全球化的方式一定要改变——供应链要全球布局，在当地生产，向本地化、区域化发展，不然，单边的、针对性的乃至歧视性的关税就会让中国产品失去竞争力。

所以，中国企业要从向全球输出产品转换为向全球输出工业能力。因为不这样做，可能以后就进不了外国市场；因为再在国内增加产能，可能就把自己憋坏了，我们可以看到几乎所有制造业，一旦中国企业进入，很快就卷到了难以再卷的地步。

TCL目前整体销售收入大概一半来自海外，终端产品的海外收入占2/3，我们未来的发展还要更多地从海外寻找空间。

02

在全球建立产业链、经营网络，必须依靠当地的管理人员，当地的制造、经营业务组织一定要以当地团队为主，不能总是自己派人去管欧洲业务、美国业务或者印度业务。当然，总部派人过去也是必要的，一些关键的岗位上一定要有非常好的沟通才行。比如，制造业的供应链管理岗位一般要派人到海外去工作，在风险管理方面，比如财务经理一定也是国内派

出去的，至于其他管理岗位，基本要实现本地化。

全球化的企业也要有全球化的人才战略。2009年TCL正式成立华星光电，进军终端行业上游的半导体显示领域。TCL华星成立之初遇到两个大问题，一个是人才问题，另一个是技术问题，但这两个问题本质上是一个问题——人才问题。如果有了合适的人才，技术问题自然就会迎刃而解。如今TCL华星已经有4万人，十几年来吸引了世界各地的人才，取得的成绩可以说是令人瞩目的，电视面板出口量位居全球第二，平板电脑、笔记本电脑、车载屏、手机等面板的出口量也位居全球前几名。

企业的人才团队一定要把起步平台搭建好。TCL华星成立的时机把握得很好，第一批从中国台湾和韩国、日本招募了不少技术人才和技术管理人才，后来有一任CEO就是从LG招来的。他们到我们初创的公司来，收入比之前高50%，一些参与创业的员工还享有长期激励，总之是以足够的吸引力把人才团队的初始架构搭起来。

高收入、强激励的人才招聘策略，会不会导致企业运行成本偏高，带来利润压力呢？说实话，这种成本只能承受，代价必须承担，而且我们制定薪酬激励政策也参考了行业标准，同时这些外来的高薪人才占比也是有限的，TCL华星第一个工厂开建、第一个项目投产的时候，团队大概有4000人，外籍人才大约只有200人，比例还是可控的。后来TCL华星建设第二个、第三个工厂，又不断拉低平均人力成本。总之，这笔账是绝对算得过来的，一定要想办法招来合适的人。

同时，我们一定要培养自己的骨干力量。TCL华星筹建过程中我们就在国内开展校招，招来了大量相关专业毕业生，其中博士、硕士学历的，来自“985工程”高校的毕业生比例非常高。搭建起自己的队伍，给他们一个平台和合适的激励，他们就会比较快地成长起来。

03

敢为也好，有冒险精神也好，都是企业家必须具备的素质之一。企业家做任何商业决策都是有风险的，如果没有冒险精神，那肯定是没法做的。但是，企业家也应该是成功的企业经营者，能够把企业做好，才称得上“家”。要成功经营一家企业，对经营者的要求其实是很高的，不同的行业、不同性质的业务对企业家的要求也不一样。TCL几乎穿越了中国改革开放的整个周期，直到今天还一直向上走，我在经营中有一些具体的体会。

第一，要能够坚持。做企业其实是很辛苦的，做1年、5年、10年、40年……一路能够坚持下来，坦率说是有内在动力支持着我。大家能够在媒体上看到很多“不忘初心、大公无私、为社会做贡献、为人民谋幸福”的口号，很多企业家的行为可以用这些口号去评价，这也的确是很高的评价，但作为一个企业家，内在动力不能只有利他，没有谁能够只靠利他的目标就坚持几十年，当然，只考虑自己也不行，这也不能成就企业。

所以，作为企业家，要坚持一直往前走，就得找到内在的动力。我的内在动力是什么？很简单，就是自己喜欢。我每天工作很辛苦，但我心里很喜欢，能够从事业中找到满足、愉悦、成就感。这一点是很重要的，没有这种感觉，很难坚持下来。企业家一定要喜欢自己的企业，路是自己选的，要在做事中找到让自己感到满足的、能够激励自己的东西。

第二，要重视学习。现在回头想想，企业发展的每一个阶段其实都伴随着企业经营能力的提升。没有人是天生的企业家，没有人可以说自己生来就能管理一个全球化企业，经营能力和知识都是不断地学习和积累的。所以持续学习是非常重要的，这个最重要。

整理自《哈佛商业评论》中文版私享会暨长江大讲堂

——《TCL：制造业的蜕变与升级》现场的李东生讲话

编辑：王夏苇

推荐语

晨光生物：企业走向亚非拉的成功样本

杨壮 推荐
北京大学国家发展研究院BiMBA商学院原院长、管理学教授

晨光生物的卢庆国总是我特别尊重的一位企业家，他有宏大的理想，有自己的梦想，也有知行合一的实践。

在当今的国际形势下，探讨企业国际化问题，探讨“一带一路”问题，我认为有特别大的意义。所以，2022年春天我邀请卢总到“北大跨文化领导力论坛”做了一场晨光生物出海发展的主题演讲，并从中总结了晨光生物出海经营的八大成功要素。

第一，领军人物的视野、使命、价值观十分重要，这是一家企业成功国际化的首要条件。

第二，并非所有企业都可以出海，企业本身的实力很重要——装备、资金、规模、企业文化、管理模式，都很重要。

第三，企业到国外去，要注重可行性调查，很多企业只了解大概情况就去了，也没有找到当地的熟人。卢总派人先去学语言，调研市场，了解政府以及当地的生态、文化，这一点很重要。

第四，企业在国外首要的事情就是遵纪守法，要懂当地的规矩，绝不能生搬硬套在中国的那一套。

第五，要特别重视国际化人才的积累和培养。十多年前晨光生物往外走的时候几乎没有国际化人才，后来培养了懂英语和风土人情的国际化人才，这也让他们形成了自己的核心竞争力。这一点特别值得往外走的企业学习。

第六，中国企业出海成功的国家大概有两类，一类是英联邦国家，另一类是其他讲英语的国家。我了解到，一些去非洲的非英联邦国家投资的企业遇到了很大挑战。

第七，企业到了国外后要有全球视野，进行本土化经营，与当地政府和社会保持良好的关系，否则寸步难行。

第八，做企业首先要会做人，要关爱他人，让企业与人共同发展。

企业到了国外之后，不仅要懂当地语言，还要弘扬中国的文化、企业的文化，但这不一定是要突出中国特色——有的东西讲得过多，反而容易引起他人不接受、引发文化冲突，有的企业在印度就遭遇过这类问题——实际上是要去宣传一些普适的基本价值、激发人性最基本的底色，从而培养当地的员工，让员工和企业文化融合在一起。著名的领导力专家约翰·麦克斯韦尔认为领导力有五层，最高的一层是：不仅自己有领导力，还能培养出当领导的人，然后影响他人。培养员工的技术和文化，这一点特别有意义，对企业的长远发展有很大的好处。

希望卢总的故事可以给企业家朋友们带来一些启发。为中国企业更好地“走出去”起到一点帮助，这是我和卢总所乐见的。

整理自杨壮在“北大跨文化领导力论坛”主题演讲
——“VUCA时代中国隐形冠军企业海外发展战略”现场的发言

从印度到赞比亚，“三冠王”晨光生物落地生根

卢庆国 讲话
晨光生物科技集团股份有限公司
董事长兼总经理

总部坐落于河北邯郸的晨光生物是一家专注于植物有效成分提取的上市企业，产品有天然色素、天然香辛料提取物和精油等，其中辣椒红色素、辣椒油树脂（即“辣椒精”）、叶黄素产销量均为世界第一，尤其是辣椒红色素的产销量占全世界2/3以上。

晨光生物早期只是一家年产三四吨辣椒红色素、年销售额100多万元的小企业，经过20多年的发展，已经凭借工艺、技术、人才和装备的优势，到印度和赞比亚经营原料种植基地，进行原料粗加工，做成半成品后运到本部进行精加工，再把产品卖到全世界。

本文为晨光生物创始人卢庆国在“北大跨文化领导力论坛”上的演讲内容，展示了晨光生物走进印度、赞比亚的系列故事，《决策之道》经授权转载。

先交朋友再建厂，印度员工也能一人顶多岗

我先介绍一下晨光在印度的发展情况。

印度有香料基础和英语优势，是提取物产业先进的国家，特别是在辣椒、胡椒、姜黄等提取物上处于世界领先位置。2000年前后，印度的辣椒红色素、辣椒油树脂产销量都是世界第一。中国和印度都是辣椒生产大国，但是印度的辣素辣椒更有优势，晨光在2008年将辣椒红色素做到世界第一之后，希望在辣素上也能取得突破，但是中国的原料不具备优势，我们就有了在印度建工厂的想法。

2006年，我第一次去印度考察，对印度的原料优势和产业基础有了初步了解，当时中国的工艺技术快速进步，已经超过了印度，在装备上是有优势的。晨光具备装备和技

发挥中国员工的“种子”和“酵母”的作用。

术的优势，有去印度建工厂的合理性，但印度是英语国家，我们当时几乎没有英语人才。于是，2007年我们派员工去印度留学、培训，在培养人才的基础上，又在印度做系统的产业调研，了解印度的原料基地、产业情况、风土人情。在这个基础上，我们从印度买辣椒，通过海上运输，运到河北工厂加工，再卖到国内，也出口到国外。在这个过程中，我们对印度的国情有了进一步的了解，也结交了好多印度朋友，为在印度建工厂打下了很好的基础。

2010年我们开始准备筹建印度工厂，在这个过程中也遇到了好多困难和问题。

第一，在印度购买土地就是个非常大的问题。外资在中国建工厂，中国政府会非常欢迎，提供很多有利条件，但在印度不同，基本上只能靠我们自己寻找资源，通过政府审批再建工厂。而且印度是一个私有制国家，土地归私人所有，我们要买几十亩土地建工厂，可能要涉及很多农户，如果有一个农户不卖，事就谈不成。最后，一个供应商把他的一块土地卖给我们，我们在那里建了工厂。解决了土地问题之后，建工厂也要征得当地村民同意，跟他们搞好关系，最后我们通过了政府审批，开始建设工厂。

第二，建工厂期间用电遇到了很多困难。印度电力短缺，建工厂用电比较多，需要架设专线。另外，印度的施工效率低、工期长。我们依靠供应商朋友的支持，共同努力克服种种困难，受到了中国大使馆的称赞。

晨光印度工厂于2012年春节投产，每天可以加工干辣椒200吨，与印度同行相比产能更大。我们一方面依靠供应商采购辣椒，另一方面也直接向农户收购辣椒。印度企业原来都没有这样做过，这就解决了周边农民卖辣椒难的问题，对农民增收致富起到了非常好的带动作用，得到了当地政府和农民的认可和支持。2017年，印度辣椒产能过剩，价格连降，引发农民不满。政府为此多次找到晨光，要求晨光不能停止收购辣椒。在这样的形势下，我们努力克服困难，原计划收购2万吨辣椒，最后收购了6万多吨，很大程度上解决了当地政府和农民的燃眉之急。

企业做好了，员工就有更好的发展机会，员工的努力也能推动企业更好地发展。

晨光印度工厂还持续进行技术改造，不断扩大产能，从开始日加工200吨逐渐达到600吨，现在的生产能力超过印度几家企业之和。总的来看，晨光利用印度高质量的辣椒原料和自己的加工工艺技术、装备优势，快速提升产品的综合竞争力，把辣椒油树脂做到了世界第一的位置。值得一提的是，晨光在印度的提取设备是自己生产的，拥有自主知识产权。

在印度第一次实现辣椒提取工厂投建成功之后，经过充分调研，2015年我们在印度筹建了第二家子公司——印度晨光提取物公司，在当地发展了3万多亩的万寿菊种植基地。我们为农户提供种子和技术，指导农民进行田间管理，为当地提供了上百个就业岗位，很多农户因此增加了收入。

为了处理好与当地政府、农民的关系，让外界支持企业正常发展，晨光还做了很多工作。

很多人知道，印度的员工比较散漫、不守纪律，第一天招聘的新员工，第二天就有一大半不来了。我们不断地招聘，人也在不断地走，但我们还是坚持关心员工、爱护员工，对员工进行技能培训，教员工汉语，培养骨干队伍，灌输爱岗敬业的企业文化，同时持续提高员工待遇，坚持高标准严要求，发挥中国员工的“种子”和“酵母”的作用。在人与企业共发展的理念下，印度员工最终认可了晨光的企业文化，逐渐形成了一批纪律严明、责任心强的优秀员工队伍。这个过程确实不容易，需要长期的、持续的培训学习，需要真心对待员工、爱护员工，让员工逐渐感受到良好的企业氛围——企业做好了，员工就有更好的发展机会，员工的努力也能推动企业更好地发展。

晨光印度工厂还发扬民主，让员工参与管理，在企业遇到问题时也有发言权；鼓励员工提出合理化建议，建议被采纳之后会得到奖励。另外，每年还开展员工满意度调查，让他们增加对企业的认同感、融入感。员工过去是被动地服从命令，听从指挥，而现在能积极主动地发现问题、解决问题，团队的凝聚力得到了很大的提升。

另外，我们注重跟当地政府搞好关系，在企业发展的同时积极参与捐资助教、公共设施建设、给贫困居民捐助物资、在疫情期间捐赠防疫物资等；在印度媒体上宣传晨光在当地做的贡献，让当地认可、接纳晨光；充分尊重和融入当地文化，比如遇到员工结婚生子，企业会安排祝贺、慰问——印度员工对这些事比较在意，会觉得企业对自己非常重视，感觉有面子。这些活动拉近了企业和员工的感情。

在企业多年的培养教育下，我们的印度员工从开始的自由散漫，变成了现在的积极主动、互相协作，一个人能顶多个岗位。

在2021年印度新冠疫情严重的情况下，印度政府一度不给外国企业发签证，加上中印关系比较紧张，我们只有两张工作签证，只能派出去两名员工。这两人去了印度之后，很多业务也不是特别熟练，我们就通过视频来培训。2021年4月，晨光印度公司的感染比例一度达到全员的41%。面对困难的形势，没有人退缩，最终在两国员工的共同努力下，辣椒加工、万寿菊种植采摘等生产经营任务得以圆满完成。这在印度是很难得的，很多印度同行企业在疫情严重的时候都不得不停工，而我们一直没有停产，坚持克服困难，较好地完成了工作。

总而言之，我们从生产、技术、管理等方面培养印度骨干人员，逐渐形成了以印度员工为主体、依靠当地人员经营的管理模式，实现了非常好的效益。

发扬民主，让员工参与管理，在企业遇到问题时也有发言权。

因地制宜走进赞比亚，与当地群众共同发展

在介绍晨光走进赞比亚的情况之前，我先介绍一下辣椒提取产业的历史。辣椒提取产业属于劳动密集型产业，而且原料的地位举足轻重，占据原料优势才能立于不败之地。20世纪50年代产业从美国开始发展，但是随着美国劳动力成本逐渐上升，原料价格提高，20世纪七八十年代，产业逐渐转移到西班牙——地中海沿岸有好多种辣椒的农民，也有几十家做辣椒加工和色素提取的工厂——那时候西班牙是世界第一。之后随着欧洲经济发展，劳动力成本提高，逐渐不再具备辣椒种植优势，2000年前后产业转移到印度，印度变成了世界第一。中国和印度的优势差不多，但以晨光为代表的中国企业快速发展，到了2008年，又把辣椒红色素的世界第一从印度手里拿过来了。

这些年来，随着中国经济发展，劳动力成本快速上涨，劳动密集型产业肯定也会走上美国和西班牙的老路。考虑到长远的未来，晨光不得不提前做准备工作，到赞比亚发展。

2015年春节期间，我去南非、赞比亚、津巴布韦等非洲国家考察，最终选择了赞比亚。那里土地资源丰富，85%的可耕地还没有被利用；光热水资源也非常丰富——高原气候、四季如春，赞比西河是非洲南部最大的水系。在“走出去”上，安全是最重要的，赞比亚历史上既没有内战也没有外战，政治上比较稳定，民选总统已经五届了，社会治安也是相对比较好的。

但是，赞比亚作为内陆国家，交通条件比较差，运输成本很高，也没有工业基础，好多欧美人在那里经营农场，种植玉米、小麦、大豆，丰收之后供给过剩，价格就下跌，出口又因为运费高，成本没有优势，

在“走出去”上，安全是最重要的。

“走出去”，在全世界利用优势资源，现在是非常好的时候，是社会发展的大势所趋，也符合国家“一带一路”倡议。

好多农场处于亏损的边缘。而我们在赞比亚种植辣椒、万寿菊，然后加工成产品，每吨产品价值几十万元，相比之下，运输费用可以忽略不计。另外，赞比亚有大量的劳动力，适合发展劳动密集型产业，所以我们在赞比亚投资有非常强的合理性。

在看中赞比亚的基本条件之后，我们派了一个考察小组到赞比亚进行系统调研，并在当地租了一家小油厂生产大豆油，从买原料开始，招工人、加工豆油、卖产品，在这个过程中对赞比亚的政策、资源、企业管理、风土人情等方方面面进行深入了解，同时也租地试种辣椒，积累当地的温度、光照、降水等自然条件资料。

最后，在经营豆油工厂和充分调研的基础上，我们在赞比亚南部城市锡纳宗圭买了一座农场。一开始种了几十亩辣椒，到2021年种了3万亩辣椒，收获了6000多吨干辣椒并出口到欧洲，已经实现盈利。为什么出口辣椒，而不是辣椒提取物？因为在赞比亚以前没有种辣椒的，我们也是第一次在那里种辣椒，量还不够大，就先把辣椒出口到欧洲，辣椒在欧洲也非常受欢迎。回过来看，在赞比亚每亩土地的辣椒种植成本大约是1500元，而在我国新疆种辣椒的种植成本大约是每亩3500元，这说明在赞比亚发展辣椒种植是非常有优势的。

在经营农场过程中，晨光为赞比亚当地群众创造了3000多个就业机会，通过组织电气焊操作、设备维修、叉车驾驶、种植管理、教学汉语等技能培训，真正把当地的一些没有职业的群众培养成了有一技之长的农业工人和技术工人。我们还选拔一些优秀的人员参与管理，成为骨干，给他们提升待遇，鼓励他们成为先进带头人。和在印度一样，中国员工发挥模范带头作用，灌输人与企业共发展的文化理念，改变了当地员工单纯打工的思维方式，使他们有了爱岗敬业精神，为企业持续发展打下了基础。

为了解决当地员工子女受教育问题，我们在农场办了一所小学，让当地儿童免费入学接受良好的教育，学校里的汉语课在某种程度上比当地孔子学院的更受欢迎。我们还不遗余力地参与社会公益事业，为周边村落修桥铺路，捐赠生活物资、防疫物资，充分显示了企业的社会担当。此外，我们主动向当地介绍晨光所做的有意义的事，邀请政府官员参观、了解企业，赞比亚的总统和商务部长都对晨光在当地的发展给予了充分肯定。

在做好锡纳宗圭农场管理的基础上，晨光又买了8万多亩土地，现在这些土地一边开发一边种植，已经种了2万多亩万寿菊，并且建立了一条万寿菊颗粒加工生产线。这座农场原来是荒地，周边没有农户，我们就从赞比亚首都的贫民窟里招来工人，提供食宿，让他们生活有保障、工作有收入、孩子受教育，完全改变了他们的生活状态。

晨光正谋划在赞比亚建设辣椒红色素提取工厂、叶黄素提取工厂和农产品加工的园区，计划发展辣椒种植20万亩、万寿菊种植20万亩，项目预计投资超过2亿美元，可实现年产辣椒红色素5000吨、叶黄素5亿克，为赞比亚每年增加出口创汇2亿美元，带动当地就业超过3万人。进一步，晨光计划筹建集住宿、购物、医疗、教育、休闲娱乐于一体的晨光小镇，这是长期的投资，融入当地、实现与当地更好地共同发展是至关重要的。

结语

"走出去"一定要稳扎稳打，切忌一个猛子扎进去，要提前做足功课，充分调研，深入了解，有效规避风险，避免犯大错误。

我想总结一下企业"走出去"发展的经验。

第一，"走出去"，在全世界利用优势资源，现在是非常好的时候，是社会发展的大势所趋，也符合国家"一带一路"倡议。特别是在国家强调粮食安全的背景下，晨光这样的农产品加工龙头企业走出去，利

企业在发展的同时，给当地各界带来利益，切实为老百姓造福，老百姓就会拥护你，当地政府也会欢迎你。

用国外土地资源更是恰逢其时。现在好多企业，尤其是民营企业已经具备了资金、技术和人才优势，所以在国内资源比较紧张的条件下，“走出去”对企业的长远发展是非常好的。

第二，“走出去”一定要稳扎稳打，切忌一个猛子扎进去，要提前做足功课，充分调研，深入了解，有效规避风险，避免犯大错误。晨光在印度投资，先从买辣椒开始，交上朋友，在这个基础上建工厂，就避开了好多弯路。我们在赞比亚也是先租一家工厂，一边生产，一边加工，一边了解情况，更好地了解赞比亚的政策、风土人情，再去寻找资源，这样也能少走一些弯路，能避免一些预测不到的风险。

第三，要更好地融入当地。企业在发展的同时，给当地各界带来利益，切实为老百姓造福，老百姓就会拥护你，当地政府也会欢迎你。所以我认为，能为当地经济发展做贡献，这是企业能真正在当地扎根、可持续发展的一个必要条件。

摘录自卢庆国在“北大跨文化领导力论坛”的主题演讲“VUCA时代中国隐形冠军企业海外发展战略”

编辑：王夏苇

扫描二维码，
关注杨壮教授微信公众号
“杨壮谈领导力”

延伸阅读

企业“走出去”怎么干，听卢庆国说说心里话

◎ 卢庆国 晨光生物科技集团股份有限公司董事长兼总经理

问：作为企业的一把手，在企业的国际化发展过程中，您去实地考察过吗？

卢庆国：我在印度过了3个春节，在赞比亚也过了3个春节，还是经常去考察的。尤其是投资早期，要有一些自己的感觉，再派团队去进行系统考察。

第一次考察印度我是亲自去的。最初在印度投资的时候，当时企业规模还不大，好多事我都是亲力亲为。后面在印度建厂的过程中，我也去了好多次。2012年春节，印度工厂开工，大年初一我赶到印度，和大家一起进行开工之后的试生产，一起参与劳动。早期在国外项目建设的过程当中，大家生活条件非常艰苦，在这样的条件下，你过去看看大家，给大家的感觉是不一样的。

问：一些企业在印度遇到很多问题，包括文化冲突问题。您认为中国文化“走出去”的时候，哪些元素属于普适价值范围之内的？哪些元素属于中国文化的特征，讲太多反而让对方不接受、不接纳？如何规避文化冲突？

卢庆国：中国和印度确实有很多理念不一样。印度员工只关注自己的岗位，不会去管岗位之外的事，哪怕是顺手的事。中国员工会打扫办公室、下雨天帮忙收辣椒等，印度员工不干这些，尤其是打扫厕所，在印度那是“下等人”干的事。所以有些事不要强迫印度员工去做，而是中国员工带头去做，慢慢地印度员工也会感觉到这个事跟自己有关系，也会参与进来。2021年新冠疫情期间，印度员工克服困难，没有停工停产，这就非常能说明问题。这些年来我们在印度和员工相处，培训他们，应该说确实起到了非常好的作用。

至于善待员工，以及开展满意度调查、鼓励合理化建议等，这些措施都能让大家感觉到企业和自己是相关的，而不是只在这儿打工挣钱。我觉得在这些方面，国内外基本一样。

问：当今世界局势正发生巨大变化，甚至涉及战争或者其他政治因素的影响，在环境变化剧烈的情况下，企业“走出去”要特别注意哪些问题？

卢庆国：“走出去”的过程中一定要保证安全，安全是前提。印度和中国的关系尽管出现过波动，但是总体上印度国内政治还是稳定的，环境还是比较安全的。非洲好多国家有战乱或者政府更迭，需要留意这些风险，不过赞比亚的条件还是不错的。为什么我们没有选择美洲？美洲农业条件也非常好，但是劳动力成本相对比较高，另外美洲工人比较喜欢罢工，这也是个不利的条件。东南亚国家也是不错的选择，我们有在东南亚建立基地的打算。

问：中国企业到了印度或者非洲，如何面对与当地同行、国际同行的竞争？

卢庆国：我们在赞比亚遇到的竞争实际上不明显，但在印度竞争还是非常激烈的，不管是辣椒加工，还是万寿菊种植、加工，都有印度同行的竞争。晨光在印度的生产规模和产能很大，技术也先进，而且工厂就建在辣椒主产区的核心，比印度人占据的区位优势还要好，所以说我们做到世界第一，超过印度人，跟印度企业直接形成竞争，他们心理上肯定是不平衡的。我们就尽量低调一些做事，避免刺激同行，尽量少找麻烦。

我觉得企业“走出去”就需要规规矩矩地做事，遵纪守法是非常重要的，在这个基础上就不会有大问题，时间长了之后，大家就逐渐认可你了。

问：很多第三世界国家都采用西方发达国家的环保指标，相对比较严格，这让很多中国企业望而却步。晨光的产业是否有污染问题？是如何在环保方面行动的？

卢庆国：印度和赞比亚都是英联邦国家，法律相对来说还是比较健全的，对环保的重视程度也比较高。

晨光做的是农产品深加工，基本没有实质污染，但是有一些气味，对周边空气会有一些影响。我们会尽量控制气味散发，具体措施包括密封、勤洒水，但还是会有一些气味，当地老百姓还是有意见的。所以我们一方面要让政府认可产品无毒无害，只是有一些气味，另一方面要搞好和周边老百姓的关系，过节多去走动走动，体现人情味，老百姓不去举报你，就相对好一些。

问：晨光走向海外发展，除了要凭借自己的力量，是否会寻求当地政府或者一些专业服务机构的支持，借助他们的资源？

卢庆国：印度政府实际上只履行监督管理的权力，对企业经营是不管的，所以就是想借助政府的力量也不太可能，但是我们肯定也要跟政府尽量搞好关系。现在印度的签证管得比较紧，工作签证发得很少，我们有时候会用商务签证代替，严格来说这不太合规，但是也没办法。印度政府对这种事有时睁一只眼闭一只眼，所以和政府搞好关系就很重要。

另外，我觉得出海发展，尽管学习了当地的法律法规，但也不可能特别熟悉。我们在国外有长时间合作的律师，他们对企业的情况比较熟悉，我们有什么事就咨询、委托律师处理，这样的话，麻烦相对少一些。

问：一些国外的法律可能会规定外资员工和当地员工的比例。晨光的国际员工雇用大概是什么情况？

卢庆国：不同国家比例要求不一样。在印度，我们雇了将近200名印度员工，从国内派出去的员工最多也就十几、二十名。在赞比亚，我们派驻了六七十名中国员工，雇的当地农民有几千人。从长远来看，我觉得企业出海之后应该逐渐培养当地员工，这样能节约成本，有利于企业的可持续发展，当地政府对企业也不会有多少意见。

我认为人员当地化是一个长期的任务，应该积极去推进。

问：调研发现中国企业愿意到海外投资的原因之一就是劳动力价格低，但出海之后往往发现，劳动力的素质相对也较低，要花大量成本培训。晨光在国外劳动力使用上是怎样的情况？

卢庆国：晨光在赞比亚的员工基本上分成两类。一类是相对比较核心的员工，除了中国派过去的员工，也有常年在农场工作的当地员工，这是企业的基本队伍。我们给这些当地员工培训技术、文化，让他们学汉语，给他一个明确的导向——只要好好工作，积极上进，就有机会晋升，就能提高待遇，推动他们往进步的路上走。

另一类是辣椒采摘的农民工，这些人相对比较松散，做的是简单、重复的工作，管理起来也比较容易。当然，农民工多了以后，我们也请了赞比亚当地警察来维持秩序，避免出现一些突发事件。

赞比亚的很多员工原来没有从事过这类工作，确实需要培训，工作量比较大。但我觉得培训的过程是必不可少的，要想在当地长期发展，早做早受益，晚做更被动。

问：很多企业不像晨光这样经营农业相关领域，您认为对于它们来说，目前在充满不确定性的海外市场上还有哪些好的机会？

卢庆国：海外机会实际上还是很多的。非洲很多国家的工业基础非常落后，工业制成品短缺，很多轻工产品、日用产品依靠进口，国内很多轻工企业都可以找到非常多的机会。我们现在在非洲搞农业种植，好多东西都需要从中国进口。

我说这些，还是想告诉大家，有机会多走出去考察考察，只要自己有技术，有一定行业经验，在了解的基础上利用好海外市场，应该说机会还是蛮多的。

摘编自卢庆国在“北大跨文化领导力论坛”主题演讲现场的问答对话

编辑：王夏苇

推荐语

中国企业应有打造世界品牌的雄心

李平 推荐

东北财经大学特聘讲座教授、
厦门大学特聘讲座教授

读了程兆谦教授《杰克股份：走出国门并购，走向隐形冠军》这篇文章，我非常赞同其基本观点，“中国企业的跨国并购有很多类型，最有战略价值的就是为了获得对方拥有的战略性资源和能力，特别是技术和品牌，以其为杠杆实现转型升级的战略目标，摆脱价格战陷阱，实现高质量发展”。他在文中还提出另一颇具新意的观点，即中国企业的逆向并购（发展中国家企业并购发达国家企业）也有助于被并购对象的发展，“并购也给拓卡和奔马带来质变，从以欧洲市场为主的德国企业成长为业务遍及全球的跨国企业，可以说并购重新激活了这两家老牌企业”。换言之，逆向并购后整合成功，并购双方都会受益多多，堪称典型的双赢结果。

因此，我们可以得到一个基本结论，即并购成功的关键就是并购后整合，而并购后整合成功的关键在于彼此信任的建立，彼此信任的基础在于利益共享（建立共同利益目标）、价值观认同（建立共同理念）、情感沟通（建立共同情感）。

关于并购后的整合，我的观点是有必要采用“隐形整合”策略，即给予外方高管高度自主权，赢得对方的初步信任。然后，在战略目标、资源协同等方面尽可能早日达成一致意见，开展彼此平等的合作，而不是居高临下、横加干预。从这一点来看，杰克从“以洋治洋”到“中洋共治”的整合模式演化很有借鉴意义。

我在美国及欧洲工作与生活30多年，在多个高校任职，也与企业打交道颇多，持续关注企业国际化问 题，一直努力在学术与实践中寻求平衡。通过观察国内外众多企业的国际化历程，我提出“第二故乡”的概 念，顾名思义，就是企业可以把出生国（第一故乡）之外的其他国家当作第二个故乡，不仅对其赋予如同出生国一样的深情与眷恋，而且对其有着如同故乡一样的深刻了解与洞察，从而让全球化的企业分支与总部一样顺利发展，甚至建立两个全球总部，长期合作，共生共荣。简言之，企业有了“第二故乡”就如同开拓了“第二战场”或“第二根据地”，通过挖掘当地资源、培育当地人才，推进两个“故乡”之间的互补互动，实现杠杆式的协同效应。

不少外国企业在中国布局时都出现过水土不服的情况：总部授权不足，研发布局不完整，定制化程度不高，总部做决策时没有根据中国的特殊情况进行调整。对于“走出去”的中国企业而言，要以此为戒，向发达国家布局，建立第二个根据地、第二个品牌和研发中心，利用国外资源打造企业，像日本的丰田、索尼那样，真正成长为全球品牌。

杰克的案例对于积极推进国际化的中国企业很有启发、借鉴意义，对于积极参与国际并购的中国企业而言尤其如此，但目前杰克遇到的一大难点是还没有成为全球品牌，在布局上依然以“第一故乡”为主、“第二故乡”为辅。中国企业应有打造世界品牌的雄心，视角、定位要往上看，真正走出去、冲出去。在这个意义上，华为、大疆、抖音目前做得还不错，可以成为更多中国企业的榜样。

总之，面对国际形势的风云变幻，中国企业的全球化发展面对前所未有的挑战，同时也可以发现众多隐藏的新机会。我建议中国企业要大胆走出国门，积极参与全球竞争，要有成为世界一流企业的雄心，这样才能成为真正意义上的成功企业。

杰克股份：走出国门并购，走向隐形冠军

程兆谦 撰稿
浙江工商大学工商管理学院
管理案例中心主任

如果说有什么方式可以让一家企业的基本面短时间内发生重大改变，跨国并购必属其中之一，然而跨国并购风险很高，一般认为成功率只有30%，是典型的“双刃剑”。不过在浙江，一家经营缝制设备的企业却敢于收购欧洲4家行业顶尖企业，并成功地进行整合，成为全球缝制设备行业的隐形冠军。它就是总部位于浙江台州的杰克股份。

杰克股份为何敢于跨国并购，并且是连续并购？它如何看待、管理风险并顺利实现业务融合、技术转移？本文尝试揭示背后的秘密，为有志于跨国并购的中国企业提供参考。

杰克是谁？

杰克（Jack）听起来洋气，却是典型的草根创业。20世纪80年代，出身农民家庭的阮氏三兄弟阮福德、阮积明、阮积祥到东北修鞋，挣了“第一桶金”，1995年创立杰克的前身——飞球缝纫机有限公司。起点毫不起眼，28年后这家公司却成长为全球缝制设备行业产销规模最大、综合实力最强的企业，产量和销售额的全球份额分别是30%和20%，产品销往160多个国家和地区，属于典型的隐形冠军。这28年可以粗略地分为4个阶段。

1. 从家用缝纫机转产工业缝纫机

最初，公司生产家用小包缝机，条件简陋，但阮氏三兄弟非常勤勉，很快做到营收千万元的规模。不过，他们很快发现家用缝纫机遇冷、工业缝纫机兴起。1999年1月7日到9日，公司全体骨干开了三天三夜的会议，决定转产工业缝纫机，做强自主品牌并进行管理制度的现代化改革，确立了“制度第一，总经理第二”的原则。

企业并购想要取得成功，关键在于并购战略、整合模式与整合能力之间的协调配合。

转产工业缝纫机并不容易，资金、技术、人才等都是瓶颈，尤其是技术。此时便表现出极强开放性的三兄弟先后从天津、日本请来专家担任技术指导，短短几年，企业营收突破1亿元，并于2003年获得了《中国企业家》评选的第三届“未来之星”——21家最具成长性的中小企业的荣誉。顺便提一下，2001年公司正式从“飞球”改名为国际化色彩浓厚的“杰克”。

2. 二次创业

2004年，不满足于现状的阮积祥提出二次创业，目标是“到2008年进入缝纫机行业前二”。杰克为此采取了一系列措施。

（1）向标杆学习。研究和学习国内外优秀企业的管理实践。

（2）优化管理团队，构建职业经理人制度。阮氏三兄弟逐步退出管理岗位，提拔年轻人，杰克引入的第一个大学生、年仅28岁的郭卫星被提拔为总经理，引入有着“国内缝纫机行业职业管理第一人”之称的赵新庆担任董事长，赵新庆带领十多人的团队加盟杰克。

（3）持续引进精益生产、平衡计分卡绩效考核体系、集成产品开发体系等新的管理理念和创新工具。

（4）提出“战略产业链”理念，与产业链上下游合作伙伴共同成长、发展。

（5）加强营销体系，确立“快速服务”的品牌特性定位，形成区别于同行的竞争优势等。

杰克还积极开展一系列并购，包括收购上海一家专注厚料缝纫机的企业（2003年），收购江西吉安机床厂（2004年），以及收购电机和电控生产商宁波众邦（2008年）。最引人瞩目的是在2009年一举收购德国拓卡（Topcut）和奔马（Bullmer）两家世界一流裁床企业，这是在行业形势非常不利的情况下进行的并购，意义重大。阮积祥说：“整个行业对杰克股份刮目相看，品牌和知名度一下子就打开了。”

内外兼修造就了杰克强劲的韧性。2008年金融危机造成全球缝制设备行业销售额下跌48%，杰克下跌32%；2009年全球销售额下跌20%，杰克上升11%；2010年行业整体回暖时，杰克率先实现141%的增长，一跃成为全球销售缝纫机数量的第一名。

协同的潜力需要有效的整合过程来释放。

3. 战略聚焦，服务中小型客户

销售规模登顶之后，杰克的成长势头明显不足，2012年，杰克的营收同比下滑超过20%。问题出在 哪里？在国际著名战略定位咨询公司里斯（Reis）的帮助下，杰克对问题进行了诊断，认为过去几年企业规模上来了，但产品线布局分散，产品繁杂，多品牌运作，高中低均有，失去了战略焦点，竞争优势不突出，解决方案就是战略聚焦：聚焦中小型客户，聚焦杰克品牌，聚焦快速服务。

战略调整效果显著，2013年杰克实现50%的高速增长，远高于行业平均水平，在国内市场更是实现超100%的增长，再次取得全球产量第一、销售额国内第一的佳绩。

4. 上市后的发展

2017年1月，杰克股份（603337）在上交所主板挂牌上市，之后很快又有大动作：2017年、2018年先后并购全球唯一的衬衫智造设备企业意大利迈卡（Maica）以及全球领先的牛仔服装自动化设备领军企业意大利威比玛（VBM）；2018年收购安徽杰羽，进入制鞋机械领域；2019年与上海欧洛特合资进入吊挂领域；2020年由子公司拓卡奔马控股深圳灵图慧视，进入智能验布领域。这个阶段，杰克还发布自主研发的服装智能生产管理系统。这一连串动作的战略指向很明确，覆盖更长客户价值链，推动杰克从智能缝制设备制造商向服装智能制造成套解决方案服务商转型升级。

2018年，杰克的销售额首次超越国际同行，成为名副其实的行业第一、世界第一，并持续至今。

以跨国并购为杠杆，助推战略转型升级

中国企业的跨国并购有很多类型，最有战略价值的就是为了获得对方拥有的战略性资源和能力，特别是技术和品牌，以其为杠杆实现转型升级的战略目标，摆脱价格战陷阱，实现高质量发展。杰克股份的并购就是如此。

杰克股份在并购前面对行业竞争胶着的形势，生产的缝纫机系列产品与同行并无明显差异，技术含量不高，价格是竞争焦点，利润微薄，如何破解？自己制造的设备卖两三千元，日本重机的设备却可以卖上万元，差距如何缩小？

杰克管理层的判断是必须进行国际化、提高技术水平。恰在其时，行业领导者上工申贝迈出第一步，2005年收购德国杜克普爱华（DA）缝制机械公司，准备基于其技术向高端缝纫机进军。而在行业之外，中国企业掀起了历史上第一波跨国并购浪潮，联想收购IBM的PC业务，TCL收购法国阿尔卡特、汤姆逊电视机业务，上汽收购韩国双龙。在这样的氛围下，杰克对跨国并购产生了兴趣，2006年年底尝试收购欧洲最老牌的缝纫机制造企业德国百福（PFAFF），但由于种种原因，最终没有收购成功。

2008年的金融危机是“危中有机”。尽管宏观环境乌云笼罩，阮积祥却认为机会难得，先是再一次接触陷入破产状态的百福，可惜由于德国政府干预，未能成功。不过他们很快发现了新目标，2009年成功收购拓卡和奔马，终于“抱得美人归”。这是中国缝制设备民营企业的第一次跨国并购。

让变化慢慢发生，积量变为质变。

奔马成立于1933年，是全球超高精度裁床供应商，被称为裁床界的“奔驰”。它依靠强大的研发与

工匠能力，制造了世界上裁剪区域最大、裁剪速度最快的裁床，还通过全自动验布系统、铺布系统、打标系统、裁剪系统等系列产品组合形成了智能裁剪线，可满足客户对裁剪高度及物料长度的个性化需求。拓卡成立于1958年，创始人曾在奔马工作，继承了奔马的技术精髓，拥有顶级的自动裁床技术，在皮革切割系统领域和复合线材加工方面处于世界领先地位。

不同的整合模式，需要企业具备不同的整合能力。

图4是缝制设备产业链，杰克原本的产品线主要集中在“缝中”环节，上游则延伸覆盖电机、电控等，这两次并购将杰克的产品线从“缝中”拓展到“缝前”，对客户价值链的覆盖得以延伸，让杰克成为全球唯一“缝前+缝中”的企业。与“缝中”设备相比，“缝前”设备在中国市场的渗透率低得多，自动化设备很少，可以说是一片“蓝海”，潜力很大。

并购也给拓卡和奔马带来质变，从以欧洲市场

上游	中游	下游
电机	缝前设备	服装
电控	裁床、铺布机等	箱包
轴承	缝中设备	鞋帽
机针	平缝机、包缝机、绷缝机、特种机等	玩具
生铁	缝后设备	家居用品
……	熨烫机、吊挂机等	车载用品
		复合材料
		……

图4 缝制设备产业链

为主的德国企业成长为业务遍及全球的跨国企业，可以说并购重新激活了这两家老牌企业，也点燃了杰克打造百年“奔马”的梦想。

2017年和2018年，杰克股份又先后收购意大利的迈卡和威比玛，前者作为全球唯一一家自主生产成套衬衫自动化设备的供应商，拥有最完善、最先进

的衬衫流水线自动化设备制造能力；后者是全球唯一一家自主生产成套牛仔自动化设备的供应商，是牛仔裤工业缝纫机的领军企业。这两家意大利企业看重杰克的影响力、规模和销售、服务网络，希望通过杰克的帮助更靠近全世界最大的纺织服装生产中心。而从杰克的角度看，两家意大利企业丰富了杰克的自动化和智能化产品品类，带来先进的技术和强大的品牌，为杰克向智能制造成套解决方案服务商转型提供了很大助力。

跨国并购如何成功？杰克有秘诀

跨国并购取得成功是否有秘诀？答案是既有秘诀，也没有秘诀。

所谓有秘诀，是指确实有一些经过验证的原则、模式和方法来指导并购。所谓没有秘诀，是指企业本身存在差异，有些企业深刻理解并购与整合，掌握一些原则、模式和方法，用起来很自然，而且灵活创新，自成一派；有些企业却抓不住关键，不掌握原则、模式、方法，或者即使知道也未必能用好。归根结底，与企业家的修为和企业的组织能力关系甚大。

杰克在交易时使用了很多方法。比如，为了避免德国政府干涉导致收购失败的覆辙，先收购拓卡，再通过拓卡收购奔马，相当于一家德国企业收购另一家德国企业，果然很顺利。更关键的是并购后整合。杰克虽然成功完成交易，但潜在风险很多，比如德国管理层和员工对中国企业不信任、担心技术转移让自己失去工作；两国文化有差异，德国人认真严谨、严肃刻板，中国人更灵活、对效率更敏感；企业管理模式存在差异；德国工会非常强大等。

跨国并购“没秘诀”，所指向的正是隐身于可见的整合过程之下的力量。

这些风险也是所有中国企业跨国并购都会遇到的问题，幸运的是，杰克有效化解了这些风险。针对信任问题，杰克委派担任过印度大区负责人、国际运营经验丰富的郑海涛赴德国进行沟通，谋求建立信任关系，用实际行动证明共生共赢的决心。2009年收购拓卡、奔马，运营了两年后进一步增资，扩大运营，员工不断增加，彰显长期发展的雄心伟略。杰克还邀请拓卡、奔马的德方管理层到上海、北京参观，他们深为现代化的中国所震撼，到杰克股份实地参访后也感受到了杰克的强大实力和专业性，改变了对杰克的偏见，信任度大为提高，为后续的并购与整合奠定了良好基础。

企业的成长过程看似复杂，但其节点就是几次关键的战略决策。

阮积祥曾说，中国企业要想全球化发展，必须遵从“尊重、互信、共赢”原则。对此，我非常赞同，还基于大量跨国并购案例提出SMC模型（见图5）：企业并购想要取得成功，关键在于并购战略、整合模式与整合能力之间的协调配合。

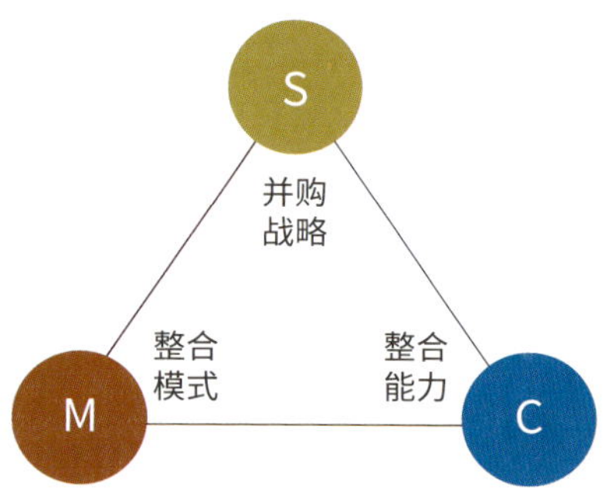

S（M&A Strategy）：并购战略
M（Integration Mode）：整合模式
C（Integration Capability）：整合能力

图 5 成功并购的 SMC 模型

杰克跨国并购成功，正是由于他们根据并购双方的实际情况发展出了属于自己的协调匹配模式，可概括为“战略突破、互补协同；共生整合、持续进化；软硬兼施、能力支撑”。

（1）并购战略：战略突破、互补协同。

这些跨国并购具有强烈的战略导向，符合杰克的发展战略，互补性突出。两家德国企业、两家意大利企业的共同特点是历史悠久，技术积累深厚，发明专利众多，拥有专业能力强的资深工程师、技师队伍，拥有世界级品牌声誉，但在成本控制、市场触达上存在问题，距离世界服装制造中心也就是亚洲和中国较为遥远，营销渠道和服务网络跟不上，再加上金融危机冲击，导致经营状况不佳甚至破产。

反过来看，这些欧洲企业的不足恰恰是杰克的长处，它有优秀的生产制造能力和效率、广泛的营销和服务网络覆盖、行业中独树一帜的快速服务能力，同时又非常渴望德国和意大利的技术和品牌。它们的结合实际上创造了新的“物种”——既不同于欧洲企业，也不同于中国企业，是两者优势的重新组合。当然，协同的潜力需要有效的整合过程来释放。

（2）整合模式：共生整合、持续进化。

欧美企业在跨国并购后通常采用强势的“吸收合并”模式，在短时间内按照自己的框架和结构改造对方，但考虑到并购对象有历史长、规模大、品牌响、人才关键等特点，中国企业并购欧美企业后通常采用“轻触式”整合模式——保留原管理团队以及较高经营自主权，或者采用隐性整合模式——表面不进行整合，而是在目标追求、组织文化等隐性层面上推进整合。

我建议中国企业在跨国并购中遵守三个原则：第一，互利共生，将并购看作平等合作，充分发挥各自优势，寻求创造协同机会；第二，从“以洋治洋”到“中洋共治”，早期保留外方管理层，或引入国际职业经理人，再慢慢引入自己人；第三，“以时间换空间”，强调阶段性推进，放缓并购或整合节奏，让变化慢慢发生，积量变为质变。联想并购IBM的PC业务、吉利并购沃尔沃等的整合过程，都是这些原则的成功运用。杰克并购后的整合实践也完美地匹配了上述原则。

如何互利共生？在并购初期，杰克设法在双方之间形成共同利益。比如邀请第一任德方总经理持有25%股份，他与杰克变成利益共同体，自然有动力利用杰克的优势协同发展。另外中国业务营业额的一部分会返回德方，相当于技术转让费，也提高了德方配合技术转移的积极性。

如何从“以洋治洋”到“中洋共治”？在整合初期，出于文化差异较大和稳定过渡的考虑，杰克只委派了财务经理，保留了德方原总经理，给予他非常高的自主权，由此度过了平稳的3年。2012年，杰克考虑到有必要加大整合力度，将德方一位年轻的副总经理提拔为新任总经理，原总经理聘为顾问；拓卡奔

“战略决定组织，组织跟随战略”，组织的活力和能力决定战略决策能否达到预期目标。

马中国公司的总经理担任德国公司的副总经理，而德方的管理人员也担任中国这边的一些职务，交叉工作有力地促进了中德双方管理、研发、生产和采购上的协同。现阶段则是“中洋共治”，拓卡奔马的总经理已经是中国人了。

如何“以时间换空间”？这个原则在杰克整合奔马的过程中表现得非常突出。

首先是学习阶段。技术转移是实现协同的核心。最初德国工厂的图纸拿过来，杰克的技术人员都看不懂，因为国内外连基本的公差（精度加工要求）标注方法都不同。怎么办？去德国跟着“师傅”学。杰克先后派6批技术人员到德国工厂，举行拜师仪式，请“师傅”手把手地教。这些员工后来成了技术转移的关键以及未来研发的主力，他们通过文档化、数字化在国内进行技术转化，提高产品国产化率。

其次是并行阶段。2009年杰克收购拓卡和奔马，将两家企业重组为德国拓卡奔马公司，2010年在台州建立中国拓卡奔马公司，双方在生产制造上形成分工侧重：德国工厂主要做高端、定制化产品，提供解决方案，而大批量标准化生产、一些高端产品的零部件生产放到国内。中国工厂在学习吸收的基础上，不断提升裁床等高端产品的国产化程度及成本竞争力。2012年，杰克还设立了中德运营中心来协调在中国和德国的两家企业。

最后是一体化阶段。2018年，在“一个奔马”的战略定位要求下，两家企业的经营和管理融为一体。除了两个生产基地，还在德国、中国浙江临海和西安三地分别建设研发中心，拥有来自德国、法国、中国等12个国家的研发人才，协同研发，技术共享。值得一提的是，杰克在这一阶段开始向德方深度进行“管理输出”，让德国人理解和接受杰克的发展战略、管理模式。比如，原来德国员工的收入都是固定不变的，但是通过努力，业务部门率先接受了KPI考

领导与治理是杰克成长曲线最底层的动力之源。

谨慎对待人性（尤其是自我）的弱点与暗面，比如权力、名声、利益对人性的腐蚀，避免自我利益凌驾于企业长远发展的利益之上。

核方式，激活了员工积极努力的劲头。

（3）整合能力：软硬兼施、能力支撑。

如果说整合模式解决“做什么”的问题，对整合过程进行规划和安排，整合能力解决的则是“怎么做”的问题，由谁去做，方法是什么，有哪些组织流程、工具和方法等。不同的整合模式，需要企业具备不同的整合能力。

杰克表现出很强的整合能力，其中既有“硬”的部分——杰克在过去几十年发展中形成的制造、研发、销售和服务能力，使它能够“接得住”与被并购企业整合的任务，比如向德国企业学习和吸收技术知识的能力、与德方进行协调的生产制造管理能力、与德方协同开发的产品研发能力；也有“软”的部分——包括开放和包容的企业文化、与现代接轨并具有杰克特色的管理理念与管理系统，比如并不是每一位企业家都能发自内心地认可和贯彻“尊重、互信、共赢”原则，再如杰克在2003年引入了SAP-ERP系统，而奔马恰恰用的也是SAP-ERP系统，这样在软件层面上就很容易实现管理对接。

关于整合能力的来源，主流看法是通过并购积累经验，在“干中学”。除此之外，我认为还与企业本身的一般性的组织和管理能力直接相关。2009年收购拓卡和奔马对杰克来说是第一次跨国并购，是一个全面的“考验”，是对它过去20多年成长中积累的组织能力的考验。跨国并购“没秘诀”，所指向的正是隐身于可见的整合过程之下的力量。

成功没秘诀，水到而渠成

我尝试以图6勾勒出杰克的成长曲线及其背后的支撑力量，最上层是4条相继而起的成长曲线，下面分别是战略决策、组织建设以及领导与治理。正是杰克20多年来在这些底层力量上的持续投入和优

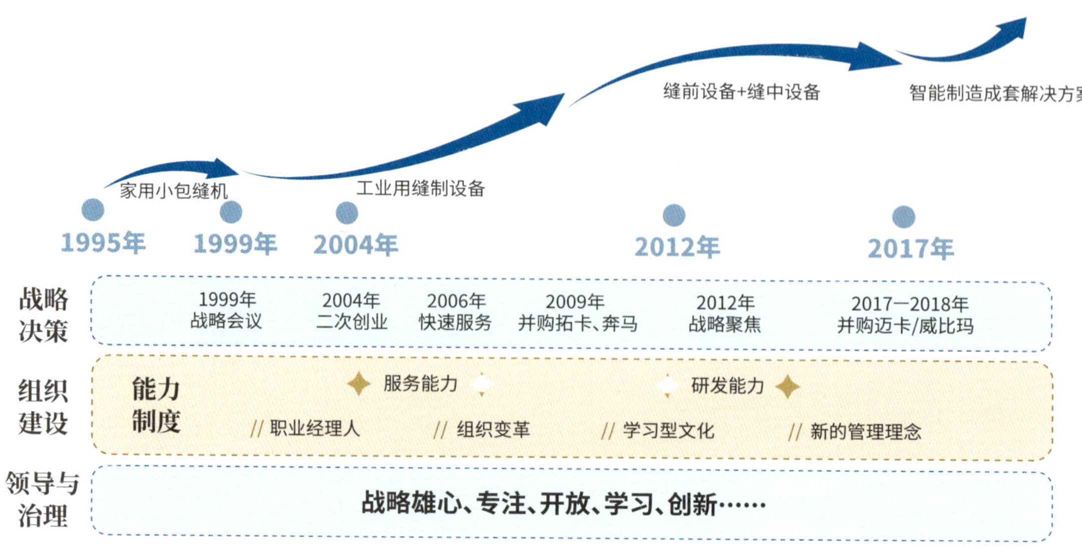

图 6 杰克的成长曲线及其背后的支撑力量

化，让它有了足够的实力来实施并购后的整合。

企业的成长过程看似复杂，但其节点就是几次关键的战略决策。前文介绍的杰克发展历程让我们看到了杰克是怎样通过一次次战略转型升级发展壮大起来的。可以说，1999年以来，杰克几次关键的战略决策都带领企业走在正确的方向上。

“战略决定组织，组织跟随战略”，组织的活力和能力决定战略决策能否达到预期目标。与华为类似，杰克很早就意识到组织建设的重要性，非常舍得投入，从2000年起，每年都会投入数百万元、数千万元，与咨询公司、外部专家合作开展管理咨询项目，引入新的管理理念、工具和方法。杰克股份精心构建的两大组织能力，更是不断超越同行的“法宝”：一是研发能力，在这样一个传统行业，杰克股份近年的研发投入高达营收的7%以上，在德国、意大利及中国台州、杭州、西安等地设立14个研发中心，拥有1200多名研发人员。截至2022年年底，公司拥有有效专利2601项，其中发明专利有1098项，在行业内同样遥遥领先；二是“快速服务100%”，销售和

重剑无锋，大道无形，水到而渠成。

在全球范围内寻求资源和能力的创新组合，形成“中国优势+外国优势”的新优势。

服务网点有8000多个，联合经销商建立20000余人规模、覆盖全球160多个国家的服务团队，建立了面向客户的端到端ITR流程体系（Issue To Resolution，从问题到解决），实现产品全生命周期服务，为客户提供“急救服务+主动服务+增值服务”，在行业中遥遥领先，连续多年荣膺“全国售后服务十佳单位”。

领导与治理是杰克成长曲线最底层的动力之源。一个卓越领导者与普通领导者的区别是，既要有“大我”，又要做到“无我”。“大我”是指有壮志雄心、目标高远、见识超卓，深悉事物发展规律，“无我”则意味着谨慎对待人性（尤其是自我）的弱点与暗面，比如权力、名声、利益对人性的腐蚀，避免自我利益凌驾于企业长远发展的利益之上。

杰克的灵魂人物阮积祥就符合这样的特征。2004年他提出“到2008年进入缝纫机行业前二”；2013年发出豪言，“到2017年成为全球最大的缝制设备制造商”，在企业里引发很大震撼，形成巨大的感召力与奋斗信心。他在企业内部的花名叫“北斗”，所有员工都这样称呼他。他为什么叫“北斗”？就是希望能够站在杰克之外看杰克，从更高视野看杰克，更好地规划战略发展方向。当他意识到不足时，非常愿意学习和引入外部力量，除了频繁开展管理咨询，他还到清华大学、中欧国际工商学院等深造学习。2006年，杰克居然聘请西安标准原董事长赵新庆做董事长，阮氏兄弟对其高度信任，赵新庆尽心尽力，在战略决策与管理优化上发挥了重要作用。试问，还有哪家民营企业请一个外来的没有股份的人做董事长?！

阮积祥的“无我”首先体现在自我克制与修炼上。他推崇“戒贪”，认为很多企业失败都是因为贪婪，因此从不抽烟、不喝酒入手，戒除一切滋养贪心痴念的不良习惯。在业务层面上，他的“无我”体现为专心专注，被问到杰克为何成功时，他讲的最多的就是“笨”，是“战略聚焦、专心专注”。在管理上，“无我”则是强化团队与集体，愿意分享权力，组建高管团队，并从2017年起开始实施轮值执行CEO制度。

以上分析揭示了企业成长的复杂性、系统性，也让我们对杰克的跨国并购能够取得成功有更深刻的理解：重剑无锋，大道无形，水到而渠成。它与杰克人非常看重的“和、诚、拼、崛”企业精神气息相通。某种程度上，一切秘密都隐藏其中！

既要讲究方法和诀窍，更要在战略层面保持专注，积累深厚的组织能力，这才是根本所在。

结语

杰克的跨国并购案并不是最大、最复杂的，但恰恰因为这一点，让它有了更普遍的示范价值：跨国并购为中国企业提供了一个机会，即在全球范围内寻求资源和能力的创新组合，形成“中国优势+外国优势”的新优势。至于跨国并购后的整合，杰克带来的 最重要启示是：既要讲究方法和诀窍，更要在战略层面保持专注，积累深厚的组织能力，这才是根本所在。

每一家想要跨国并购的企业都是有梦想的企业，希望大家能从杰克的案例中得到启迪，找到属于自己的路。

编辑：曹雨欣、王夏苇

推荐语

SHEIN，中国出海企业的典范之作

何维 推荐
霞光社主理人

2023年4月，胡润研究院发布了“2023全球独角兽榜”。在前五大独角兽中，除了“毫无疑问”的字节跳动、SpaceX以及蚂蚁金服，还有排名第四的SHEIN。

在中国的出海企业中，SHEIN是一家极有代表性的公司，它集合了中国企业出海成功的大部分元素——时机、模式、供应链能力、数字化能力、组织管理能力、价值观等。

SHEIN是2008年起步的，算是中国最早一批出海的科技企业。当时国内淘宝、京东等电商平台正处于上升期，电商市场竞争已相对激烈，它并没有一头扎进国内市场，而是理性地看到了另一片海洋——当时中国作为“世界工厂”的名号已响彻全球，全球买家对于中国生产的高质量、低价格产品需求很大，于是，SHEIN顺理成章打入海外市场。

出海的SHEIN也没有完全照搬电商平台的老路，反而摸索出一条特色之路——独立站电商模式。2008年，SHEIN的前身“Sheinside”成立伊始，就建立了独立运营站点。4年之后，Sheinside升级为自主品牌SHEIN，聚焦快时尚女装领域，并建立“网红推荐”的营销模式。从那时起，SHEIN就意识到品牌出海的重要性，并通过独立站这一平台不断进化。今天，独立站已成为中国品牌出海的当红模式。

但独立站并不是成功的全部。实际上，所有成功的背后都有一个强大的后盾。霞光社接触的很多优秀出海企业背后都能看到这个规律——SHEIN成功的后盾就是中国强大的供应链能力。

SHEIN最引以为傲的就是其“柔性供应链”：快速打版、制作、生产，每天产生200个新款，最快7天出货。这在传统服装企业中是不可想象的。

这样的供应链能力并不是一朝一夕可以构建的。实际上，SHEIN的供应链已经积淀了近10年，早在推出自主品牌的第2年，SHEIN就开始建立供应链中心，构建并完善供应链体系，同时搭建仓储系统，建立美洲仓、欧洲仓等海外仓。

此外，2015年之后，中国的数字化浪潮兴起，数字化开始全面升级，改造传统制造业，而服装是先被改造的领域之一。借助数字化能力，SHEIN把整个服装供应链打造得既有韧性，又有敏锐度，前端可以快速捕捉流行趋势，后端则能够实时调整产品生产。

这种“供应链能力+数字化能力”，使许多中国出海企业在很多领域都有明显优势——既能快速捕捉市场变化，生产高质量、多样化的商品，又能把生产成本压得很低。这也是为什么近几年来供应链优势是投资人关注中国出海赛道的一个重点。

2023年，我们可以看到SHEIN已经不只是固守在品牌独立站，而是积极拓展新的领地，开启平台化运营模式。比如，2023年8月，SHEIN收购FOREVER 21、Brooks Brothers以及锐步（Reebok）等知名品牌的母公司SPARC集团的1/3股份，以自己的柔性供应链能力辅助线下巨头打开增长新空间。2023年9月，SHEIN在深圳举办平台招商战略大会，吸引更多卖家合作拓展全球市场。

当前，全球整个服装品类供应链已经发展得非常接近极致了。在这种情况下，非常考验供应链与企业规划的协同性。这需要数字化能力发挥更大的作用，也需要企业自身的组织能力有更大的提升——一边是技术，另一边是艺术。技术的部分是整个中国制造能力和科技能力的托底，艺术的部分是东方管理方式与西方管理方法在融合借鉴中产生更大的作用。

可以说，中国企业出海已经走上了一个新台阶。

最难的美国服装市场，SHEIN是怎么啃下来的？

罗超 撰稿
自媒体"罗超Pro"出品人
雷科技创始人

作为新晋超级独角兽公司，SHEIN一直以低调的姿态示人，但这并不妨碍外界对其动态的高度关注。

自2020年秋季以来，SHEIN在美国Piper Sandler[1]的调研排名中均位列"最受欢迎的购物网站"第2，仅次于亚马逊，渗透率也在逐渐上升，从2022年的8%上升至2023年秋季的12%；自2021年春季以来，SHEIN也一直位列Piper Sandler排名的"最受欢迎服装品牌"前10，排名从第8逐步上升至2023年秋季的第4，这反映出SHEIN越来越受美国年轻人欢迎的事实。

当越来越多的中国企业开始认真学习SHEIN时，我们不妨聊聊，SHEIN在美国取得成功的精髓到底是什么？

美国市场强手如林，SHEIN地位越来越稳

美国市场堪称消费与时尚领域的全球高地。消费领域里有沃尔玛、Costco、山姆、Amazon等不同模式的佼佼者；而在时尚领域，纽约是世界上最具活力和时尚创意的城市之一，纽约时装周蜚声全球，全球时尚佼佼者们都在激烈角逐美国市场。

单就服装领域而言，美国在世界范围内属于"塔尖市场"。在线统计数据门户Statista的数据表明，美国是世界最大的服装市场。美国统计局的数据则显示，2022年全美服装（含鞋类）零售额共计3118.6亿美元，同比增长

① Piper Sandler 成立于 1895 年，总部设在美国明尼苏达州的最大城市明尼阿波利斯。作为一家投资银行和资产管理公司，它的咨询调研报告颇具权威性。Piper Sandler 会每隔半年调研美国年轻人的消费喜好并发布排名数据。

6.8%。巨大的市场，成了全球服装业强者的舞台。除了Levi's、Tommy Hilfiger、Calvin Klein、American Eagle、GAP等本土品牌，美国服装市场还有ZARA、H&M、FOREVER 21、UNIQLO等国际快时尚巨头。近年来，随着SHEIN在美国日益风靡，参照其模式的“互联网+时尚”服装品牌在美国也越来越多，如Fashion Nova等品牌。

来自不同国家的品牌争夺美国服装市场这块巨大的蛋糕。根据2021年美国贸易代表办公室的数据，中国在美国服装进口总额的占比约为28.2%，是美国最大的服装进口国，其次为孟加拉国与越南，份额分别为15.6%、7.5%。印度、墨西哥、柬埔寨也是美国主要服装源地。

多元文化让美国消费者的服装需求复杂度极高，除了在任何市场都存在的消费分层分级现象，人们对可持续、个性化、无性别等服装的需求十分强劲，这对服装品牌来说是巨大的挑战，也是重重的机会。

在竞争激烈的美国市场，面对世界级的竞争对手，SHEIN能够持续霸榜“最受欢迎的购物网站”TOP2，并不断提升在“最受欢迎的服装品牌”中的排名，着实不易。

自营品牌+平台：SHEIN胜出的双引擎

据媒体报道，SHEIN成立于2012年，其业绩连年保持增长，2022年营收攀爬到227亿美元（约合1660亿元）。赢得美国消费者青睐，创造持续、迅速增长奇迹的背后，独特的“SHEIN模式”厥功至伟。

什么是“SHEIN模式”？行业对此存在许多误解。

第一个误解是“SHEIN模式=小单快反”。其实“小单快反”不是SHEIN首创的，在SHEIN进入行业

自营品牌是SHEIN的基本盘，平台则决定了SHEIN的天花板有多高。

对于新手型出海卖家，SHEIN是起点；对于已在出海的卖家，SHEIN是增长点。

前，“柔性供应链”“C2M（按需制造）”等概念已出现，“SHEIN模式”是真正大规模对“小单快反”进行落地和创新性实现。

在消费端，SHEIN通过数字化技术精准把握潮流趋势。隐藏在海量社交媒体图片中的潮流趋势或消费者在网站驻留时长背后的需求动因，均可被及时发现乃至预测，再基于此进行产品设计、风格定位或优化。

在供给侧，利用数字化工具与新一代管理体系调动上千家工厂，将互联网产品的开发理念用在服装产品上：向工厂小批量（从原来的上千、上万件降低到百来件）下订单，工厂以周为单位（原来动辄数月）就能出货，SHEIN将其投放到市场测试，反馈好就追加订单，反馈不好立即停止。基于此，SHEIN将社会化制造能力“化零为整”，形成更柔性、更敏捷、更高效的“小单快反”供应链，并统一以严格的生产制造标准、质量管理标准、ESG制造标准，最终在确保产品品质的同时，将库存率从传统的30%~40%直接降低到极低的个位数。

“小单快反柔性供应链”被后来者奉为圭臬，而SHEIN在2014年就将其以数字化的方式实现，这无疑是具有极强前瞻性的。通过独特的模式，SHEIN成功地撬动了中国强大的服装供应链，实现了产品时尚度与高性价比的统一，产品更时尚，SKU（最小存货单位）更丰富，价格区间更宽，因而更好地满足了年轻消费者之需。有数据显示，44%的美国“Z世代”②成了SHEIN的消费主力军。

不过，企业是动态发展的，如今很多人仍将SHEIN与ZARA等品牌对标，这是对它的第二大误解。SHEIN品牌只是SHEIN公司的业务之一，其已拥

② Z 世代，也称为 Generation Z，指在数字技术和移动技术下成长起来的群体，普遍指从 1995 年到 2009 年出生的这一代人。

有“自营品牌+平台”的双引擎。如果说自营品牌是SHEIN的基本盘，平台则决定了SHEIN的天花板有多高。定位时尚的自营品牌业务让SHEIN成为“美国年轻人最欢迎的第二大服装品牌”，而平台业务崛起则保证了SHEIN作为购物平台越来越受美国年轻人欢迎。

当很多企业开始学习“SHEIN模式”升级时，SHEIN开始主动地将“SHEIN模式”复制到更多行业。广泛的海外销售网络、足够庞大的用户基础、沉淀近10年的品牌力、成熟的市场营销经验以及创新的供应链体系……这些让SHEIN成功的“SHEIN力量”被赋予第三方商家，助力其产品出海，打开市场、打响品牌、获得增长。

在平台业务上，SHEIN给第三方商家两种选择：对于缺少出海经验的中小卖家，SHEIN提供“代运营模式”，商家只需专注于制造商品，SHEIN负责运营、物流、售后等——SHEIN擅长海外市场的消费趋势洞察，会将对应结果反馈给商家，引导他们有的放矢地选品、设计、定价。对于有一定经验的卖家，SHEIN提供“自主运营模式”，和中国内地的平台电商一样，平台提供交易基础设施、精准的年轻客群流量以及对应的营销能力支持，商家卖货“各凭本事”。对于新手型出海卖家，SHEIN是起点；对于已在出海的卖家，SHEIN是增长点。

对于消费者来说，平台化的SHEIN迎来更多优质的商家，且带来的不是传统电商的“一盘货”，而是在SHEIN服装“高时尚度与高性价比”一以贯之的理念下提供的“不一样的商品”，就能够更好地满足年轻人之需。年轻人对高时尚度与高性价比的需求是体现在生活各处的，如餐具、寝具、鞋履、配饰、数码、家具甚至汽车。当SHEIN平台可以提供“多快好省”的时尚与生活方式的商品，年轻人就会浏览更多、消费更多。

SHEIN的ESG能力与独特的“SHEIN模式”是一体两面的关系。

在Piper Sandler的“最受欢迎购物网站”排名中，SHEIN一直在NIKE、lululemon、Urban、H&M、American Eagle之前，因为它具备跟NIKE等品牌的自营App不一样的价值；“自营品牌+平台”的双引擎模式，也让它不同于Amazon或其他电商平台。在SHEIN的官网中，其自我介绍是“全球领先的时尚和生活方式在线零售商，致力于让‘人人尽享时尚之美’”。这是一个全新的故事。

ESG能力：利人利己的“隐形法宝”

如今，全世界的大企业都在关注ESG，越来越多的上市公司在财报中披露ESG情况。SHEIN在这方面同样可圈可点，从创立伊始就具有ESG的基因。

如前所说，SHEIN在数字化供应链驱动下实现了更柔性、更敏捷、更高效的按需供应，由此将库存率从行业的30%~40%降低到个位数，极大程度地从源头减少了浪费。比如在传统的制造方式下，一家服装企业预期今年销售100万件，那至少要生产备货150万件；而在SHEIN式的柔性供应链之下，企业就只需要备货100万件左右，从而减少50万件的冗余；如果整个服装产业都能采用这种模式，避免的浪费是巨大的。

同时，基于独特的数字化工具与标准化管理体系，SHEIN对社会化供应链有巨大的整合能力，在产品制造全程均可有效地贯彻ESG体系。比如它推动工厂应用数码热转印技术生产服装，从而减少每件商品生产的“水足迹”；推进采用更可持续的再生塑料包装袋、快递袋，降低碳排放水平等。

模式很容易被行业看明白，但理念不是每家企业都能坚持到底的，后者更朴素却更重要。

以SHEIN的数码热转印技术为例，其相比传统的丝网印刷成本更高，但也有着多项优势：需要多少打印多少，有效避免面料浪费；使用的是经过认证的环保油墨，不含有害物质；能够提高生产效率；最重要的是可以大幅减少水资源消耗。传统的丝网印刷技术下，印刷100米面料需使用0.49吨水，而数码热转印技术是完全干燥的，做到了水资源零消耗。截至2022年12月，在应用该技术的4年里，SHEIN节省了59万吨水，大约相当于11.8亿瓶500毫升的瓶装水。据悉，SHEIN已经将50%的印花工艺都替换为数码热转印，可能是行业运用该技术最多的公司。

SHEIN还在平台上线了SHEIN Exchange二手平台，允许用户在平台内基于购买记录一键转售购买的SHEIN商品，买卖双方可以轻松参与到循环经济中，从而延长产品使用寿命，减少日益严重的浪费问题。自2022年推出该功能以来，已有数以百万计的美国用户在SHEIN Exchange上进行了购买或转售。

不难发现，SHEIN的ESG能力与独特的“SHEIN模式”是一体两面的关系：因为有“更敏捷、更柔性的按需供应链”，SHEIN可以从源头上减少浪费；因为有对社会化供应链的整合能力，SHEIN可让ESG理念贯彻到每一家工厂、每一块布料；因为有“自营品牌+平台”的双引擎模式，SHEIN可在平台内再造一个循环经济二手平台。

让能力壁垒转化成品牌力，拓宽护城河

在SHEIN诞生的同一年，《长尾理论》《免费：商业的未来》两本畅销书的作者克里斯·安德森出版了《创客：新工业革命》一书，其核心思想是：互联网和制造业融合在一起，会引发一场制造业革命。

2014年克里斯·安德森到访中国，做了一场关于“创客”的演讲，在闭门午宴上，我有幸和他交流，当时我们讨论的话题几乎都是创客、深圳山寨、中国制造……没人留意到SHEIN这个后来改变世界的“变量”。SHEIN是在国际巨头的眼皮底下悄然滋长的，它

靠着对用户的共情能力，以创新满足年轻用户的时尚生活方式需求。

将能力壁垒转化成品牌力，形成双重壁垒，正是苹果等全球顶尖企业的成功之道。

多年的成长之路正好验证了《创客》中的理论。

克里斯·安德森在《创客》序言中写道，在20世纪90年代末到21世纪初的这段时间，他为《经济学人》杂志工作，驻任香港，有很多时间去中国制造业中心广东的工业区，发现制造业效率低下，问题很多。

传统经济的“前店后厂”、电商时代的“前电后厂”，都未能改变供给与需求的本质：以工厂为核心的制造业按照企业意志固定地按计划生产商品，以店铺为核心的零售端再想方设法出售商品，消费者的需求被模糊地满足，互联网电商的出现也只是将门店搬到了网上。

真正改变制造业的是SHEIN们掀起的D2C（Direct To Consumer）模式，从需求洞察、精准营销、智能物流再到柔性制造，每个环节都被彻底数字化，进而实现供需两侧精准、高效而直接的连接。特别是在今天，足够敏捷、足够具有柔性的供给，成为满足消费者尤其是满足年轻消费者个性化、潮流化、多样化需求的最佳方式。制造业在这一过程中加速进行数字化升级与ESG迭代，获得了更高的效率、更低的库存及更大的价值。

潮水的方向是如此明晰，越来越多的SHEIN学徒在出现，不过模仿者们还未能冲击SHEIN，甚至连巨头对SHEIN也没什么办法，原因在于其护城河已经形成且足够宽阔。

一方面，学习SHEIN，精髓不是“小单快反”“柔性敏捷”“按需制造”的供应链模式，更在于实现这样的供应链的能力。这涉及技术积累、管理经营体系、ESG体系等，要亲自扎入产业链、供应链去建设。这是一个生态，生态的形成绝非一朝一夕之功。

以技术的角度为例，大企业都有强大的技术，在D2C相关技术上却不一定能跟SHEIN相提并论。曾有媒体报道，SHEIN拥有庞大且强大的技术研发团队，数千名工程师研发、维护300多个自有系统。

坊间甚至有传闻：华为曾想做一套供应链技术系统，但当他们看了SHEIN自研的系统后，就没有了下文。当前，SHEIN的技术生态可能比外界所知的强大得多，这未必意味着相关技术有多么“硬核”，重点在于与制造业结合、在产业中应用的能力里面有大量的Know-How。

“学我者生，似我者死。”

另一方面，SHEIN的品牌力难以被复制，品牌力意味着对用户心智日积月累的渗透，在单一品类上具有独占性。模式很容易被行业看明白，但理念不是每家企业都能坚持到底的，后者更朴素却更重要。SHEIN胜出靠的是用户思维，是从成立第一天起就秉持“倾听消费者声音，想方设法在供给侧改进，以满足用户之需”的发展理念，所采取“自营品牌+平台”的双引擎发展策略，也是意在更好地满足消费者。靠着对用户的共情能力，以创新满足年轻用户的时尚生活方式需求，SHEIN在“时尚品牌”与“购物平台”两条路线上形成了越来越强的品牌心智，成为用户在进行时尚生活方式消费时不假思索或者说更大概率的选择。

进一步说，不难发现，将能力壁垒转化成品牌力，形成双重壁垒，正是苹果等全球顶尖企业的成功之道。

书画大家齐白石曾有一句名言：“学我者生，似我者死。”在关于SHEIN的学习潮流中，这一道理同样成立：类似SHEIN的平台很难再取得成功，但“SHEIN模式”的精髓值得更多企业借鉴。在一些领域，如化妆品行业，我看到已有成功者出现。对于更多企业来说，SHEIN的平台化无疑也推开了一扇接入SHEIN能力的大门。

本文原发于微信公众号“罗超Pro”

编辑：王夏苇

推荐语

OPPO在印尼：中国制造业转移的一个样板

施展 推荐
上海外国语大学
全球文明史研究所教授

2023年秋天我到印尼调研，重点调研内容之一是OPPO。这次调研与此前一年来我在国内做的一些调研相结合，差不多验证了我的一些假想，还提示了一些值得进一步关注和研究的方向。

首先要明确一个基本的前提。互联网行业逐渐演化出了后台、中台、前台三个环节——后台是各种数据，中台是各种技术能力的总成，前台是跟用户直接交互的界面（App）。前台可以做得非常简单，需要什么技术能力，开个接口从中台调取即可。制造业也可以用类似的模型来分析——后台是庞大的基础设施网络与庞大规模的熟练工人群体，中台是可以高效率、高弹性生产各种中间品的庞大供应链网络，前台则是向客户交付成品的最终组装工厂；只要中台网络足够强大，前台工厂可以做得很简单，就是简单的生产组装环节，需要的各种中间品直接从中台采购。

简单来说，我对可预见的未来的判断是，由于各种经济层面和政治层面的原因，中国制造业企业近年来向海外的转移越来越多，但这种转移是有结构性特征的，除非是生产流程很短、环节简单、对供应链网络的需求相对低的行业，否则转移出去的基本上是最终的组装环节，也就是前台，后台和中台在可预见的未来仍然很难转移。而且，最终组装环节的转移对中国未必是坏事，甚至可能会给中国经济带来新的机会。

具体的案例就是，OPPO在印尼的工厂已经投产8年，产量不小，2023年有望获评印尼“灯塔工厂”，但这一前台的定位主要是完成组装，进行本地销售；至于上游的大量一级供应商，也就是中台，只带到印尼非常有限的几家，其余部件仍然要在中国采购，为一级供应商供货的二级供应商，则一家也没有来印尼。我在国内也调研过其他一些明确有出海设厂规划的企业，他们都明确告诉我，上游供应商很少会跟着出海，海外工厂主要还是在国内采购零部件。

但无论如何，前台毕竟还是从中国转移出去了。这对中国的经济会有什么样的影响呢？有趣的是，迁出的前台反倒在海外提供了增量，让仍然留在国内的存量中台有了一点呼吸的空间。虽然目前出海的前台所带来的增量规模远不足以弥补国内目前亏欠的增量，但肯定是好过没有的，在这个意义上甚至可以说应当鼓励更多企业出海。企业出海越多，对国内存量中台的拉动力就越大，国内经济就越有呼吸的空间。

至于出海的前台部分，在海外亟须打造品牌形象，向更高端领域拓展，才能持续给国内的中台提供拉动力。OPPO在这方面也是一个不错的案例，目前它在印尼的市场占有率已超过了三星，但品牌影响力还不如三星，所以近年来进行着力打造：一方面，OPPO广告的覆盖力度相当大，在印尼几乎随处可见其广告，并且在产品差异化竞争上发力，包括重点推广折叠屏产品等，颇见成效；另一方面，OPPO在雅加达的核心商务区的购物中心里精心打造了两家旗舰直营店（见图7）。旗舰店规模巨大，气质也颇为不俗，两家店定位有差异，其中一家看上去不像是手机店，而像是艺术展厅，另一家则是设计感、科技感十足。这样的品牌形象可以带来更多的品牌溢价，从而形成对中台的更大拉动力。

图7 OPPO在雅加达的旗舰直营店OPPO Gallery

希望以OPPO为代表的中国企业新一轮的“下南洋”，能够给中国制造业带来一些出海的启示，打开一种新的想象力空间。

出海“争气机”，中国有一批

陈为 独家撰稿
正和岛总编辑

黄渊普 批注
EqualOcean创始合伙人

据说，英国人詹姆斯·瓦特发明了蒸汽机。但对历史有探索欲望的人知道，这其实是一个高级谣言：瓦特并不是蒸汽机的发明人。

早在1680年，法国人丹尼·帕庞就设计出了蒸汽机的图案；18年之后，英国人托马斯·萨弗里获得了蒸汽机的专利权；在此之后14年，英国人托马斯·纽科曼制造出一台原型蒸汽机；到了1769年，瓦特在修理纽科曼的蒸汽机时忽发灵感，何不自己做一台更像样的蒸汽机？而此时，在英格兰，纽科曼式的蒸汽机已有100多台。

新发明，源于技术的长期积累与关键突破，并不是人们想象中某个天纵英才一瞬间的灵感与神启。与蒸汽机类似，白炽灯泡的发明者不是爱迪生，飞机的发明者不是莱特兄弟，电报的发明者也不是摩尔斯。《枪炮、病菌与钢铁》的作者贾雷德·戴蒙德说：“对那些最著名的而且显然具有决定意义的现代发明来说，就是‘某人发明某物’这种不加掩饰的说法背后有着被忽视了的先例的影子。”

毫无疑问，瓦特是发明英雄，但他不是单枪匹马的孤勇者，而是创新者群体里的关键人物。

01

2023年9月25日，余承东跃上舞台，发布了华为的多款科技新品。

这场发布会上，备受关注的手机Mate 60被语焉不详地一笔带过，但这个隐身主角依然万千宠爱在一身。在发布会现场与刷屏的短视频里，“遥遥领先”之声此起彼伏，网友给了它一个和瓦特划时代的发明听起来一模一样的名称:“争气机”。

从此前的隐忍蛰伏,到如今的扬眉吐气,这部手机身上投射着一个时代的情绪,情绪背后则是一个深不见底的谜题:尽管众说纷纭,但没有人确切知道这款手机的芯片是怎么突出重围、横空出世的。

近期在清华大学听经济学家魏杰的一堂课,他同样为“争气机”振奋,又对其谜题充满好奇,百思不得其解。提到自己所在的清华大学时,他同样信心满满——这所高校同样有着低调又突出的实力,“我觉得清华排进全球前10,应该没问题”,清华的一些现代化实验室技术领先,是国家经年累月“用金子堆出来的”,而这些实验室的技术和数据显然是一种隐秘的存在,各种统计机构难以掌握。

严格地讲,即便华为攻克了7纳米芯片,依然算不上“遥遥领先”,只能算“后中争先”——目前全球半导体产业已在竞逐2纳米工艺。但在围堵与重压下,这种关键突破对于产业链的刺激,对于信心的提振,对于希望与可能性的塑造,无疑如暗夜明烛,点亮人心。

经济活动本质上是精神与物质的相互作用与互相转化。在当前的严峻形势下,激发、相信、保持对未来的信心与想象,可能是最重要的事。而我从近期在国内外接触的一些企业中发现,在海外市场争光亮眼、堪称“争气机”的中国产品不只有华为,委实有一批。

在当前的严峻形势下,激发、相信、保持对未来的信心与想象,可能是最重要的事。

02

印尼的手机市场王座上是OPPO。

2023年9月底,我前去调研考察OPPO在印尼的工厂和门店。在雅加达苏加诺哈达机场一落地,OPPO的大幅广告就扑面而来,非常显眼。几年前到马来西亚,也是类似场景,铺天盖地的营销战略显示着

OPPO在东南亚不容忽视的存在感。

我们参访了旗舰直营店OPPO Gallery在雅加达的两家门店：在Gandaria City商场，OPPO有巨幅产品海报，店面设计时尚，富含艺术与自然气息；另一家商场Gallery Plaza Indonesia大牌云集，OPPO Gallery几乎设在最显眼之处，而三星竟隐匿在商场负一层一个隐蔽角落。我们也走访了OPPO在雅加达的工厂，这座2022年落成的新厂，工人多为当地女工，她们正在生产线上安静、熟练地赶制OPPO Find N3 Flip。

黄渊普 批注①：

我也去了一趟印尼。看待印尼市场，至少不能套用中国市场的逻辑。

很多人认为随着印尼经济增长，会出现一个中产阶级，实际上它的人均GDP在涨，但平民阶层的财富没有涨，这与中国有很大的不同。

所以，去印尼发展，要么做市场头部的生意，要么做底部的生意，做面向中产阶级的生意会比较难。属于平民阶层的品牌，比如名创优品就是一个好的案例，所谓“义乌货+品牌感”，在海外的成绩很不错。

对于海外的贫富差距，包括中产阶级品牌有没有前景，我其实是持怀疑态度的。

印尼是世界上最大的群岛国家，人口2.7亿，经济增速连续7个季度超过5%，是东南亚发展最快的国家之一。在高盛的一份预测报告里，到2050年，印尼将成为全球第四大经济体，仅次于中国、美国和印度。

第三方市场调研机构Canalys数据显示，2023年上半年OPPO以2400万台的出货量成为国内手机市场第一，表现抢眼。在整个东南亚市场，OPPO也都业绩亮眼：2023年第二季度，OPPO以16%的市场占有率在东南亚地区排名第二，仅次于三星；以国别而论，在印尼以20%的市场占有率排名第一，在柬埔寨以31%的市场占有率排名第一，在泰国以15%的市场占有率排名第二，在新加坡、越南、菲律宾、马来西亚市场也位居前三。

OPPO为何能成为印尼手机之王？我们一路追索答案。在先后参加OPPO手机小折叠（OPPO Find N3 Flip）与大折叠（OPPO Find N3）两次国内发布会与印尼之行后，我有三点印象深刻的感受。

其一，做深——以本地化串联全球化。

OPPO早在2013年就进入印尼市场，几代OPPO出海人都以印尼为志、为家、为业，融入当地、聚焦当地、服务当地，不破楼兰终不还。

OPPO首席产品官刘作虎总结：“你怎么把自己当作一家本地的企业，这个很重要，最好的全球化就是本地化。OPPO之所以能够在海外做得不错，因为我们永远都是回归用户，融入当地。每进入一个市场，都坚持本地化运营，给当地用户提供最好的产品和服务。”

同时不得不提的是李杰。10年前，还是OPPO国内苏皖代理商的李杰带领几个人开始了印尼市场的开拓，从零到一，奠定坚实根基。正是在开拓市场的过程中，李杰发现了东南亚物流领域的痛点和机会。目前，这位前OPPO人所创立的极兔快递已成为东南亚第一大快递公司，市占率达到22.5%。

其二，做精——好产品始终是根本。

OPPO的第一款爆品是“笑脸手机”。2008年5月，OPPO推出第一款功能机——OPPO A103，正式从MP4行业涉足手机行业。当时这部背面有张笑脸的音乐手机上市后，5次卖断货。

结果惊艳，过程却是痛苦的。刘作虎回忆起这段历史时，这样说道：“已经开模了，废掉，重新开，就是为了一点点，就是这样吹毛求疵。很多公司都提品质，什么叫品质意识？是你要为它付出血的代价的时候，还能坚守，而不只是嘴上说说。”

我碰到的多位OPPO高管都喜欢讲一句话，“君子务本”，在他们看来，产品永远是OPPO的根本。公司走过19年的经营之路，每次都是靠聚焦产品才得以穿越周期。OPPO CEO陈明永曾表示，“以本分为核心的文化价值观，坚持打造伟大的产品，是OPPO赖以成功的两大法宝”。

靠着这两大法宝，IDC报告显示，2023年上半年，OPPO市场份额位居中国第一、全球第四。

其三，做新——要成为创新品类的引领者。

2023年10月19日，北京，OPPO Find N3的发布会现场欢呼不断。这款面向新商务人士的折叠手机主打安全、效率与影像，拥有多个用户想要而不可得的功能：安卓与苹果、Windows系统任意格式的文件，都

很多公司都提品质，什么叫品质意识？是你要为它付出血的代价的时候，还能坚守，而不只是嘴上说说。

能自如打开、拖拽与分享；“VIP模式”可以一键关闭摄像头、麦克风、定位，实现无忧畅谈；突破百万次折叠测试，推演产品寿命可达10年以上……

得折叠屏者得天下。全球行业分析机构Counterpoint Research发布的《中国智能手机高端市场白皮书》显示，全球折叠屏智能手机出货量将迎来强劲增长，2019年至2025年，年复合增长率将达到114%，其中2025年比2022年将翻两番，达到5500万部。

而小折叠已然成为OPPO的“大杀器”。OPPO Find N2 Flip发售以来，成为众多东南亚女性用户的首选：2023年上半年，在印尼市场，占小折叠市场份额的46%，占折叠市场份额的28%；在马来西亚，占小折叠市场份额的46%，占折叠市场份额的31%；在泰国市场，占小折叠市场份额的33%，占折叠市场份额的28%；在新加坡市场，占小折叠市场份额的26%，占折叠市场份额的18%……

凭借创新，OPPO折叠屏手机在2023年10月中国科学院科技战略咨询研究院发布的《中国科创典型调查报告》中，与中国高铁复兴号、北斗卫星导航系统、中国商飞C919大飞机等科创产品一起入选了“中国科创新名片”。

黄渊普 批注②：

印尼机会好不好？多不多？如果你是企业家，还没有确定要不要去印尼市场，我会说，要不再想一想？不是说印尼不好，而是去的人太多了。

比如，餐饮在印尼是个好生意，因为当地房租比较低，人们又不存钱，习惯花掉。但我通过调研发现，很多中国餐饮品牌已经过去了，比如蜜雪冰城，早期开店的加盟商挣到了钱，后面开店的应该是越来越难了。

关起门来说，中国人多的市场，往往是中国人PK中国人，如果你发现一个地方的中国人比较少，建议多看看，不一定要往东南亚挤。

我有一个指标可供参考：但凡你在一座城市几乎找不到中餐馆，当地就是个好市场，还在中国人“卷”外国人的阶段。

当然，我还是喜欢中国菜，改不了中国胃。

03

一枝独秀不是春。

在印尼的机场里、街道边、商场中，除了OPPO，不难发现中国品牌的身影。

在雅加达机场，我们看到了安克、悦刻、蜜雪冰城专卖店。而在我们去的两家商场里，除了几家川菜馆，还看到了名创优品、科沃斯、添可的门店，以及五菱宏光的展览——这款车在这里卖得比国内贵不少，依然卖得挺好，是新能源车头牌。

OPPO的一位高管告诉我，蒙牛旗下的冰激凌品牌艾雪在印尼卖得火爆。查阅资料发现，艾雪在印尼已有3家工厂，市占率达到34%，稳居第一，其市场还覆盖越南、菲律宾、柬埔寨、老挝、东帝汶等东南亚国家，成为蒙牛在海外的一支重要力量。

为我们做向导的一位华人司机也知道德龙钢铁和青山集团两家资源巨头在当地“动静很大”。据媒体报道，青山集团10年前进入印尼，目前在当地已建成莫罗瓦利、纬达贝两个产业园，吸引上百家企业入驻，吸纳印尼员工近15万人。印尼人最为熟悉的则是TikTok，在这个2亿多人口的国家，TikTok月活用户高达1.25亿。

OPPO印尼CEO Jim也说，“国内几乎每个行业，都值得在这里再做一遍”。他之前最看好的是摩托车市场。在这个“摩托车之国”路上纵横驰奔的车流里，我们几乎只能看到HONDA和YAMAHA两个日本品牌……

而在印尼之外，近年来一批新出海的先行者正将自己的制造经验、管理经验、效率优势、消费者洞察优势与产业链优势向海外伸展，重塑着“中国制造”的形象，让出海成为中国企业新的看点、亮点与增长点。在电脑、手机等电子消费品领域，在高铁、造船等高端制造业，在外贸“新三样”（电动载人汽车、锂电池和太阳能电池）等多个方面，中国品牌都大有斩获，值得圈点。

电脑行业，联想是出海先行者。我向联想集团的一位朋友了解了市场数据，2023年第二季度，联想电脑在日本、丹麦、法国、挪威、芬兰、加拿大等30多个国家和区域都位居市场第一。

手机行业，中国是世界最大的手机生产国与消费国，一众本土品牌都表现不俗。根据中国海关总署公布的2023年9月进出口数据，主要出口商品中，手机出口了8354.5万台，而8月该数据仅为6456.7万台，出口金

黄渊普 批注③：

大家一定要想明白，企业之所以出海发展，并不是中国的市场不好，而是我们在中国市场锻炼出了能力，出去之后有可能找到更大的优势，就像一个重点中学的中等成绩学生转去了普通中学，可能就是学霸了。

中国市场上现在发生的事情，未来也会在一些国家出现。

对任何组织和个体而言，能否保持开阔的视野、开放的心态、开明的选择，都无疑是攸关兴衰成败的核心。

额更是环比大涨123.37%。

高铁产业，核心团队经过难以想象的技术攻关，目前在技术方面达到领先水平。在东南亚首条高铁雅万高铁通车之后，“一带一路”另一标志性工程匈塞铁路已正式签约。中国高铁挺进欧洲，在可见的未来，将联通世界上更多的山水城池……

造船产业，转型升级成就突出。以前这一领域是日韩擅场，如今已是中国的传统优势项目。2023年1至8月，中国造船完工量、新接订单量、手持订单量以载重吨计分别占世界总量的49%、68.8%和53.9%，国际市场份额均位居世界第一，领跑全球。

汽车产业，换道超车成效显著。据海关总署数据，2023年上半年中国汽车整车出口达234万辆，同比增长76.9%，其中新能源汽车出口79.5万辆，同比增长112.7%，中国已超过日本成为全球最大的汽车出口国。数据显示，目前比亚迪的新能源乘用车已经进入全球55个国家和地区，在泰国、巴西、新加坡、以色列、新西兰等多国市场，近来都是纯电动车或新能源汽车的销量冠军。

除了汽车，中国也是锂电池和太阳能电池的第一大出口国。2022年，“新三样”出口的国际市场份额分别为10.0%、55.5%和59.7%。商务部研究院对外贸易研究所所长梁明预计，随着外贸“新三样”出口规模的快速增长，“新三样”有望超过“老三样”（服装、家具、家电）的出口规模，成为我国外贸出口的重要引领力量。

……

清华大学产业研究院首席专家何志毅对中美产业研究的细密程度罕有人及，他告诉我，根据他的研究，中国产业和美国产业比较分析之下，最终数据是0.41，即从整体上看，中国真正的产业水平还未达到美国的一半。但他从差距中看到的不是悲观，而是活力和希望：美国自南北战争迄今，企业已有160年左右的历史，我们的企业自1984年“中国企业元年”至今，尚不足40年。

如今，年轻的中国企业军团正面临着一道迈向数字化、绿色化、全球化的必答题，新一波的出海热潮正在袭来，企业家天然要逐水草而居，看市场而行。以21世纪初中国加入WTO和10年前中国提出“一带一路”倡议为节点，新一波的出海眼下正由产品出海走向产业出海。

扎根才能开花，共生才能共荣。出海目的地不仅是销售市场，也是生产基地、服务中心和生态系统。这一波出海也在由中心区域向四处蔓延，在东南亚、中东、拉美、非洲、欧美……每一个区域、每一块土地上，都有中国商人奋勇争先的创业史与奋斗史正在上演。

黄渊普 批注④：

不同的企业可以去不同的地方发展。

企业要做品牌，肯定要去欧美市场；如果只是薄利多销，就做东南亚市场；如果产品便宜一点，又想做点品牌，但还没到那个份上，中东市场相对也不错；一些做水泥、陶瓷的企业，在非洲的工厂很挣钱，但去了别的地方未必挣钱。

当然，这只是一个大致的概括。

但也要清醒地看到，这波出海浪潮是在逆风中启航的。当年，全球化潮流浩浩荡荡，出海犹且不易。目前，在多种不确定因素中，企业如何在风浪中远行，的确是莫大的考验。

对任何组织和个体而言，能否保持开阔的视野、开放的心态、开明的选择，都无疑是攸关兴衰成败的核心。

04

印尼之行，与我同行的是《枢纽》的作者、政治学学者施展。这位学者善于把山河地理与时间脉络结合起来，探求历史与未来。

在飞机上，聊天之余，他一直看着窗外云霞之下的印尼山川，在他看来，一个城市的地形地貌里蕴含着其工业发展的先天条件。而在博物馆里，他会仔细辨听讲解者对历史素材的取舍与叙述的角度，他认为，一个国家对历史事件的态度常常能映射出其现实与未来政策的走向。

问题之中，需要思索，更需要行动。

而我心头，一个中国航海家的身影也从历史之中浮现——郑和。

1405年，郑和奉朱棣之命出使西洋，当时，大明是世界上最为富裕的国家，他的船队是世界上最豪华、最先进的船队。他的7次远航，有好几次曾到达雅加达所在的爪哇岛，然后继续驶向茫茫碧海。他完成了宣扬威德的王命，却没有开辟新的世界。自满与封闭的枷锁，锁住了一个民族的未来。

在郑和首次远航之后80多年，1492年8月，意大利人哥伦布带着给印度君主和中国皇帝的国书，在西班牙巴罗斯港扬帆启航。两个月后，他带领船队到达巴哈马群岛，发现美洲大陆，从此揭开新世界的一角，宣布大航海时代的开幕。

又过了20年，1522年，麦哲伦的团队完成首次环球航行，回到西班牙巴拉梅达港口。3年的海上风浪颠簸让麦哲伦的18个伙伴衣衫褴褛、骨瘦如柴、不成人形，但他们走下船的那一刻，一个“全球化”的时代正式开始了。

从彼时到今天，已过500多年。

为何领先者会在某个阶段陷于落后，而后来者会居上？

一个民族该如何在重重挑战之中复现它的历史荣光？

一代中国企业如何在“上天入地”之后实现“翻江倒海”，迈向星辰大海？

诸多问题纷至沓来，恐怕没有人确知标准答案。

问题之中，需要思索，更需要行动。

不无忧心，但更多的还是希望。

本文首发于微信公众号“正和岛”

编辑：王夏苇

你看天地广大，何物值得一争？
纵有无尽繁华，到底随了秋风。
插画摘自 @ 老树画画

读书
READING

跨国经营的企业，要有跨文化的领导力

张伟宏 撰稿
美国国际集团（AIG）
国际市场CHRO

在不同的文化和国际地缘政治冲突下经营的跨国公司怎样应对领导力方面的挑战？中国企业的国际化方兴未艾，这条路如何更好地走下去？本文从企业管理的角度，以及笔者在跨国公司领导国际人力资源管理团队的角度进行分享，以期对中国企业的跨文化领导力建设带来一些思考和借鉴。

跨国公司在全球运营，面对很多不同文化的挑战，推动跨文化领导力显得尤为重要。

跨文化领导力的一个重要组成部分就是多元化和包容性，简称D&I（Diversity and Inclusion）。D&I是所有基业长青跨国企业的跨文化领导力非常重要的组成部分，也是共同的核心价值观之一。

不可否认，这首先是经营的需要，因为良好的企业文化可以增进和提高协作与创新的水平。包容不同的声音、不同的见解，欣赏、认同不同的文化和观点，这样才能吸引不同的人才，让每位员工都有归属感，可以放心地去展现自我，发挥自己的价值，从而取得事业的发展，同时也为企业创造最大的贡献，推动业务持续发展。另外，基业长青的跨国企业都有非常强烈的社会责任感，它们推动D&I不仅是为了实现商业目标，也是希望通过推动D&I对全球经济发展和全人类进步起到促进作用。

从聆听开始，直到共赢

笔者认为，培养跨文化领导力有3个关键步骤：聆听和了解，欣赏和接纳，共融和共赢。

包容不同的声音、不同的见解，欣赏、认同不同的文化和观点，这样才能吸引不同的人才。

1. 聆听和了解

首先，到了海外，跨国企业必须调查了解当地法律法规、人文传承、劳工关系、管理制度、工会作用。没有一个国家的情境和中国一模一样，不熟悉当地商业环境和条件通常是企业运营失败的重要原因。

最近几年去法兰克福出差，笔者注意到有很多中国的企业家在收购德国的中小企业。德国的智能制造非常强，很多小作坊都拥有世界最先进的专利技术，但是欧洲的市场非常饱和，进一步发展空间有限，而中国有庞大的市场，存在很多业务扩展机会，所以结合是双赢的局面。不过，中国投资者在收购德国企业时，未必了解德国有全世界几乎最严格的劳工管理制度。

例如，德国的劳工委员会会认真地参与一切与员工的福利及其切身利益相关的商讨和决定；管理层不能单独决定任何涉及员工个人信息、资料、福利等切实利益的方案，提供详细的资料并通过劳工委员会的审核才能实施。德国同事跟笔者说，欧洲有保护员工利益的传统，再加上德国人在第二次世界大战后有很多反思：如此冷静强大的一个民族为什么会陷入集体狂热？作为一种纠偏机制，他们希望决策能够得到更多的论证，避免草率决策和集体狂热。

所以当我们了解了制度背后的文化以及制定的原因，就知道德国劳工委员会并不是员工刻意对抗管理层和资方的手段，如果能够与其进行有效沟通，就能避免很多不必要的文化冲突，提升管理效力。

2.欣赏和接纳

聆听和了解之后，就要做到从心里接纳。跨国企业到一个陌生的地区经营发展，经常碰到的一个难题就是应该更看重语言能力还是业务能力。很多时候语言能力好的人得到任用，但是他未必真正了解业务，也未必是一个合格的领导者。所以通过交流和沟通，跨国企业一定要了解当地的经营方式和风土人情，和本土经理交朋友，领导者要能熟练运用当地语言，熟悉具体业务。国际化和本土化必须相辅相成，融合才可能产生更大的能量。

下面分享一家跨国银行在这方面交了不菲学费的例子。这家银行之前在韩国的业务规模非常小，后来收购了韩国一家非常大的本土银行。由于对韩国市场不是特别了解，加上收购项目金额较大，决策层非常重视，就让很多外籍管理者“空降”到韩国，后来却发现“空降”的管理者“水土不服”——这些人英文很好，可以很好地跟总部沟通，但没有办法跟本土的作业团队很好地进行沟通和协作，导致韩国业务在收购之后一直严重亏损，银行的业绩受到了拖累。最后真正扭转局面还是靠一名被大胆任用的韩国CEO，虽然其英文不好，但了解业务痛点，能有效激励员工，最终带领团队扭转了经营的颓势。

开始欣赏和接纳不同的文化，让全球视野和本地智慧结合时，跨文化领导力就会释放出强大的能量。

当你开始欣赏和接纳不同的文化，让全球视野和本地智慧结合时，跨文化领导力就会释放出强大的能量。

3.共融和共赢

全球范围内有很多跨文化领导力的成功案例，其中“共融”和“共赢”是关键。在此分享迪拜、印度、新加坡这3种不同文化的案例，出海企业可以从中感受如何尊重当地（迪拜）的风俗习惯和宗教传统，欣赏印度精英的领导力、语言、思维能力，以及学习新加坡的多元思维和治理体系。

（1）迪拜的文化包容。阿联酋给人的印象是富有，但其实90%的石油储量是阿布扎比酋长国的，迪拜实际上是贫油地区。它是如何实现逆袭，成为中东的国际金融中心的呢？因为迪拜很幸运，它拥有优秀的跨文化领导者。

统治迪拜的家族世代沿袭重视商业和开明的传统，包容不同文化和观念，从来不卷入地缘政治的纠纷。现任酋长穆罕默德·阿勒马克图姆更是牢记父辈的雄心和重托，英国军校毕业的他，一直都努力在伊斯兰传统文化和西方普世价值之间寻找一个最佳的平衡点，并借此来打造一个独特而繁盛的迪拜。

比如，他设立了迪拜离岸金融中心，一城两制：离岸金融中心里的公司适用英国法律，享受50年零关税，外汇无管制，可自由进出。美国国际集团中东区域的公司就设在离岸金融中心，管理整个中东和非洲区域的业务。经营本地迪拜业务的公司则设立在离岸金融中心之外。迪拜的工作模式也是多文化融合的：尊重穆斯林传统，周日开始一周的工作，办公室都配有祈祷室；同时也会庆祝国外节日，每年圣诞节离岸金融中心都热闹非凡。

这种兼容并包的跨文化领导力，造就了迪拜的经济奇迹，使得整个中东地区没有第二座城市可以取代它来辐射中东、非洲甚至东欧，进一步巩固了它作为中东金融中心的地位。

（2）印度的国际职场精英。很多国人都想不明白，中国的经济实力和基础设施都强过印度不少，中国精英也已经是美国科技界的最强大脑，为何在国际职场上却没有印度精英发展得好？据笔者多年来与印度同事共事的观察，印度精英在国际职场上体现出了非常强大的跨文化领导力。

一方面，印度拥有悠久的历史和强大的本土文化，而近代印度被英国殖民统治了近两百年，英文是官方语言，受过良好教育的印度人都有很好的英文沟通能力，对西方文化、思维方式有相当的了解，知道怎样有效地跟西方沟通又不放弃东方智慧。

另一方面，印度精英普遍注重管理能力的提升。中国精英从事技术工作为主，很少向管理方向发展，而印度精英普遍在他们的专业以外研修MBA，在会议和团队沟通中积极主动，勇于表达自己的思考和观点，有深度，有理有据，所以在团队里存在感满满。印度精英的这种跨文化领导力值得借鉴和思考。

人类追求真、善、美的价值观是一致的。

（3）新加坡的多元思维和治理体系。新加坡成为华人社会治理的典范，领导者的远见卓识和跨文化领导力功不可没。开国领袖李光耀在传统的东方文化下长大，又毕业于剑桥大学法律系，对西方民主法治有非常深刻的了解。他没有盲从西方制度，而是结合新加坡的实际情况，坚定地选择了法治和多元融合的道路。从建国之初，他就一直强调新加坡不是一个华人国家，不是一个马来人国家，也不是一个印度人国家，每个人在新加坡都会有平等的机会。

因为开放、包容、多元的文化，以及英语的普及，不管东方还是西方的人才在新加坡工作都感觉到很安心，能够自由发挥特长，这帮助新加坡创造了经济奇迹并逐步成为亚太金融中心。

写给中国企业的建议

未来会有更多的中国企业走出去，跨文化领导力对于这些中国企业的国际化至关重要。笔者有几个观察和思考，希望可以给中国的企业家和管理者提供一些参考。

第一，深入了解和努力融入当地的主流文化。有些中资公司的管理人员在业余时间延续了国内的酒桌文化，业余时间基本是和中国人聚在一起喝酒、打牌、聊天，不太跟当地人交流，对于了解当地文化也没有太大的兴趣。这种习惯会使人很难融入当地。

第二，合规经营，肩负社会责任。很多基业长青的跨国企业都有很强的社会责任感以及理想情怀，不同国家可以有不同的意识形态、不同的政治制度，但人类追求真、善、美的价值观是一致的。怎么用这些价值观凝聚团队、实现不同文化背景下的团队融合，是跨文化领导力的重要体现。

例如，笔者的一位中东同事，她的丈夫为来自中国的一家跨国企业工作。有一天同事问笔者："我们

我们不确定前方是否还有更大的挑战，我们需要做的就是保持定力，不断修炼自己。

这边大的跨国企业因为流行性疾病几乎全部都在家工作，我丈夫是管理层，完全可以移动办公，为什么中国企业不允许员工在家工作？”这家企业没有任何合规经营方面的问题，这也只是件小事，但是彰显出来的是企业更注重商业利益，而忽略了人文关怀。如果企业所在国家的经营环境和普遍的价值观是看重人文关怀，那么只看重商业利益将很难赢得尊重。

第三，培养和任用本土人才，实现可持续发展。本土人才对企业在当地的可持续发展至关重要，企业运营的用人成本也会更低。培养优秀本土管理人才，让本土人才可以将本地智慧和国际视野结合起来，那么中国的跨国企业必定可以在全球可持续发展，用强大的跨文化领导力实现基业长青。

结语

很多的跨国公司都存在超过100年，在漫长的岁月中经历了很多大的经济周期，包括第一次世界大战、第二次世界大战、大萧条等。中国企业在过去的40多年里得益于改革开放国策和经济全球化浪潮，总体来说发展比较顺利，历练还不多。面对前所未有的流行性疾病冲击和国际地缘政治挑战，很多人感到灰心和迷茫，这种情绪是完全可以理解的。

然而，人类几千年的发展历史中一直有很多的波折，不是一帆风顺的，但历史车轮依然滚滚向前。我们不确定前方是否还有更大的挑战，我们需要做的就是保持定力，不断修炼自己。真诚、坚毅、着眼长远发展的品格与领导力，终将带领我们走出困局。兼容并包的跨文化领导力，也将引领地球村民不断弥合分歧，为人类的文明进步做出更大的贡献。

《VUCA时代的跨文化领导力》
杨壮 王进杰 编

北京理工大学出版社
2022年7月

整理自《VUCA时代的跨文化领导力》

编辑：白志敏

延伸阅读

跨国企业人力资源管理工作的若干思考

◎ 张伟宏 美国国际集团（AIG）国际市场CHRO

思考一：跨国企业在招聘跨文化管理者时的标准是什么？

美国国际集团在招聘高管或多元化人才时，对业务能力、相关经验都很看重，但最看重的还是其价值观和对企业文化的认同度。跨国企业的管理人才需要认同多元化和包容性的重要性，这是跨国企业普遍的核心价值观，是我们在全球不同区域、不同文化和制度下持续经营的保障。另外，候选人要有积极的态度和进取心，认同企业远景，与企业共同成长。

思考二：如何面对和平衡跨国企业中不同国别员工的差异性？

驱动力的差异其实还是文化差异。例如，大洋洲的整体文化就偏向于休闲，追求工作与生活的平衡，所以企业不可能要求员工“996”、24小时在线；但在中国或日本，很多人会觉得加班是正常的。

跨文化管理者需要理解和尊重当地的文化习惯，不能苛求、强迫所有人用管理者习惯的文化或方式来工作，但可以通过绩效结果来管理：管理者制订工作计划并与员工达成共识，对员工的工作方法给予充分尊重，员工也要在规定时间内达成工作计划。

思考三：“走出去”的中国企业进行跨文化管理时有哪些要注意的？

要注意结合当地的法律和文化。企业走出去的目的是共赢，而不是强推自己的文化和想法。例如，同性婚姻在印度是违法的，企业在这一议题上不要违反当地法律；这一问题在新西兰可能就不是挑战，因为它的文化跟欧美主流文化比较相通，推动对性取向的多元认同不会有问题。再如在韩国，工会非常强势，如果在韩国经营企业，工会管理是一定要做好的重点工作，一味强压工会可能把企业拖进泥沼。总之，管理无定式，情境领导在跨文化环境下非常重要，企业要合规经营，尊重当地法律和文化。

整理自《VUCA时代的跨文化领导力》

编辑：白志敏

记录时代商业
传播标杆企业

正和岛企业传记品牌标杆项目

我们能做的

- 为企业（家）写传记、为企业写案例
- 定制化内容服务，如企业内刊、高层内参
- 与国内优秀出版社合作出版图书
- 入选正和岛书系，推广精品图书

为什么选择我们

- 年度服务企业家会员超过 9000+，更懂中国企业和企业家的需求
- 内容整合优势，会聚顶尖企业家、经济学家、管理思想家及其他 KOL
- 广泛的传播矩阵，覆盖1000万+企业管理者，为精准营销全面赋能

哪些企业找正和岛写书 + 案例？

提炼企业经营之道
树立企业家精神标杆
凸显品牌投资价值

扫码咨询

面向岛亲特别推出参与项目送登岛名额！